妈妈的情绪
决定孩子的未来

（插图版）

编著　史文雅

成都地图出版社

图书在版编目(CIP)数据

　　妈妈的情绪,决定孩子的未来:插图版／史文雅编著. —
成都:成都地图出版社有限公司,2020.9(2023.8 重印)
　　ISBN 978-7-5557-1432-3

　　Ⅰ.①妈… Ⅱ.①史… Ⅲ.①家庭教育
Ⅳ.①G78

　　中国版本图书馆 CIP 数据核字(2020)第 177280 号

妈妈的情绪,决定孩子的未来(插图版)
MAMA DE QINGXU,JUEDING HAIZI DE WEILAI(CHATU BAN)

编　　著:史文雅
责任编辑:游世龙　高　利
封面设计:松　雪
出版发行:成都地图出版社有限公司
地　　址:成都市龙泉驿区建设路 2 号
邮政编码:610100
电　　话:028-84884648　028-84884826(营销部)
传　　真:028-84884820
印　　刷:三河市众誉天成印务有限公司
开　　本:880mm×1270mm　1/32
印　　张:6
字　　数:136 千字
版　　次:2020 年 9 月第 1 版
印　　次:2023 年 8 月第 6 次印刷
定　　价:36.00 元
书　　号:ISBN 978-7-5557-1432-3

前　言

俗话说："没有种不好的庄稼，只有不会种庄稼的农夫；没有教不好的孩子，只有不会教孩子的妈妈。"父母的差别，将影响孩子的一生。

刘亦婷，从国内直接考上世界最高学术殿堂之一的哈佛大学，获得哈佛大学的全额奖学金。

安金鹏，高三时获得第三十八届国际奥林匹克数学竞赛金牌，北大博士毕业后进入哈佛大学攻读博士后。

卢山，安徽省高考状元，考入中科大少年班，28岁任美国一流大学顶级计算机专业教授（博士生导师）。

他们为何会取得如此令人瞩目的成绩？从这些好孩子身上，我们可以发现他们的成材与父母的教育和引导不无关系。如果没有父母的科学教育和正确引导，资质再好的孩子也终将是一辈子碌碌无为。优秀孩子多是优质教育的结果，对于孩子而言，家庭是孩子人生中的第一所大学，父母是第一任教师，是启蒙之师。父母的言传身教，对孩子的智力发展、性格形成、习惯养成、心态、能力、品德的培育等方面有着重大影响，有的甚至可以决定孩子的一生。可以说，父母的作用无人可替，好父母成就好孩子。

要教出好孩子，必须要学会做父母。 首先是要提高父母自身的素质。 孩子是站在父母的肩膀上成长的，父母能走多远，孩子就能走多远，父母能有多"高"，孩子就能有多"高"。 其次是掌握科学的教育方法和有效的技巧。 每个孩子都是优秀的，千万不要因为错误的一句话，毁了孩子的信心；也不要让自以为是的教育方式，误了孩子的一生；更不要使溺爱成为孩子一生的绊脚石。

在教育孩子的时候，父母的情绪起了决定性的作用，情绪影响的不仅是父母，还有孩子。 本书立足于当代中国的教育文化背景，收集了大量可供中国父母借鉴的东西方家庭教育案例并深入分析，介绍了国内外先进的家庭教育思想和最具成效的育儿方案，针对中国家庭教育中普遍存在的问题和误区，提出了科学的解决办法。 在帮助父母了解最基本的教育学、心理学知识，掌握各种科学的教育方法、技巧之后，根据孩子的兴趣爱好，制定出合理的培养计划，培养一个优秀的孩子，让千万父母"望子成龙""望女成凤"的梦想成为现实。

2020 年 7 月

目　录

第一章

用爱浇灌，妈妈的爱决定孩子的一生

爱他，就要说出来

李楠出生于一个知识分子家庭，父母为人都比较严肃，不太习惯热情地表达情绪，连关怀子女都显得含蓄。在这样的家庭中，李楠自然也养成了一样的性格，在表达感情的时候有点过分羞涩，那个"爱"字在嘴里有千斤重，压住了舌头，怎么也说不出来。

丈夫知道李楠的性格，倒也不强求李楠说什么甜言蜜语，于是李楠也不觉得自己这么内向有什么不好。

那天儿子回家后一直阴着脸，突然问："妈妈，我是不是你亲生的？"

李楠吓了一跳："当然是，你怎么问这个？"

原来今天上课的时候说起母爱，大家都炫耀着妈妈对自己的宠爱，这个说"我是妈妈的心肝"，那个说"我是妈妈的宝贝"，反正别人家似乎都是"爱"呀、"疼"呀不离嘴，但为什么自己的妈妈从没这样对自己呢？

儿子越想越觉得不对，加上受电影、电视的影响，竟然得出一个惊人的结论：我难道不是妈妈亲生的？

李楠宽慰了孩子一番，总算打消了儿子的顾虑，可是面对儿子渴望自己说些"肉麻话"的眼睛，李楠还是感到万分为难。难为情了半天，李楠细声细气地说了句"你是妈妈的儿子，妈妈很喜欢你，关心你"的话后，红着脸假装镇定地走开了。

在大多数的家庭中，父母习惯于含蓄地表达自己的感情，特别喜欢默默地做而不是大声地说。对于成年人来说，这样的表达方式自然问题不大，彼此能够根据对方种种行为来判断对方的心意，但是对于理解能力和观察能力都相对较低的孩子来说，这种含蓄的表达方式可能会造成如上文李楠儿子那样的误会，认为父母不爱自己，甚至怀疑自己是否是亲生的。

"你会对孩子说'我爱你'吗？"某网站对此话题曾做过一项调查，调查结果显示：有75％的父母在孩子处于婴儿懵懂的时期表达过，大部分父母在孩子3岁上幼儿园以后就很少直接地表达对孩子的爱了，相应地，孩子更少向父母表达感情。鉴于家庭表白爱的气氛严重缺失的现状，某亲子网举行了一场亲子活动，20多个家庭参加了此次活动，其中的"真情告白"环节引发了全场高潮。当音乐响起时，父母向孩子读了事先准备好的真心话："孩子，你真听话，真有出息。""孩子，你是我们的宝贝，爸爸妈妈永远爱你！"……也许是受到父母热情的感染，天真无邪的孩子们也用稚嫩的声音回应道："爸爸妈妈，我爱您！"顿时，温馨的气氛感染了所有在场的人，不少人热泪盈眶，感动得说不出话来。活动中，亲子之间互相传达爱的信息，拉近了彼此的感情。父母们怎么也没有想到，轻轻地一声"我爱你"，竟会产生如此神奇的效果。

向孩子表达爱有很多好处。向孩子表达爱，可以消除孩子生活中的消极情绪，特别是孩子的焦虑。有的孩子学习成绩不佳，他们闷闷不乐的主要原因是担心与父母的关系变差。如果父母让孩子认为，他成绩不好就再也不配得到父母的爱，也没资格去爱父母，那么孩子一定会陷入极大的焦虑中，这是至关重要的一点。孩子无论看起来多么在乎朋友和老师的评价，但他们最在乎的仍是父母的认可。因而，如果父母与孩子能保持一种稳如磐石的关系，父母经常对孩子说"无论你怎么样，我们都一如既往地爱你，认可你"，那么孩子的焦虑就会得到很大程度的缓解。

在适当的时机向孩子直接表达自己的爱意，可以增强孩子的自信心和自尊感。在孩子的成长过程中，父母就像一面镜子，不断地反射出孩子的一切，当听到那些鼓励、赞许以及充满爱意的话时，孩子会觉得自己得到了认可，他会感到骄傲，自信心由此也会增长。而那些长期得不到肯定的孩子，则会变得胆小、没主见，长大后习惯被他人安排做事情，缺乏创造性。

生活中，父母一句充满爱意的话往往会让孩子感到极大满足。当孩子做了一件让父母高兴的事时，父母要及时说："孩子，你真棒，我们爱你。"当孩子遇到挫折时，父母要说："不要怕，我们爱你，我们都希望你能坚持下去。"当孩子犯错时，父母要说："你做的事情我们不同意，但我们爱你，并希望你改正错误。"孩子是很敏感的，很在乎父母对自己说的话，一句真真切切的话能抚慰他们的心灵，尤其对于懂事的孩子来说，父母爱的表达可能会消除彼此之间的隔阂，令亲子关系更进一步。

别以爱的名义约束孩子

　　王英已经 4 岁了，可是现在她身边连一个较好的小伙伴都没有，其中的原因要归结到妈妈身上。妈妈快 40 岁时才有了王英，对她自然呵护备至，除了包办她日常生活中的所有事情外，还限定了她的交际范围。妈妈要求王英周末老实在家待着，不允许她出去玩，怕她有危险。王英想自己洗衣服，妈妈怕她累着；王英想自己端饭，妈妈怕她烫着……但是王英却没有因此变得开心，她觉得自己完全受妈妈的摆布，没有自由。

　　现在的孩子生活条件优越，而很多父母也都像王英的妈妈一样，有这样的心理：爱孩子就要为孩子做好所有的事情。于是，溺爱孩子也就成了一种普遍现象。

　　父母认为，不能让孩子受苦，于是竭尽全力地从各方面满足孩子的需求，甚至包括无理的要求，代替孩子完成他（她）自己力所能及的事。他们以为，这样就能保证孩子幸福健康地成长。

　　但是孩子并不会因此对父母心怀感激，反而会为此和父母产生隔阂和矛盾。因为孩子会认为父母束缚了自己的自由，阻碍了自己施展才能，因此很难和父母保持良好的关系。

好父母要站在孩子的角度考虑问题，充分尊重和理解孩子的想法，不过度约束孩子，还给孩子属于他自己的空间。

要知道，适当的约束，可以让孩子学会遵守生活和社会规范，掌握基本的礼貌和人际交往常识，促使孩子养成良好的习惯。但父母对孩子过度的爱，尤其是以爱的名义对孩子进行限制和约束，则会剥夺孩子的自由，不利于孩子自主性和实践能力的提高。

因此，好父母不要以爱的名义约束孩子，而要让孩子在爱中既得到情感的满足，又能有更多的机会去探索外面的世界，尝试做各种事情。

父母爱孩子是人之常情，但是在爱孩子的过程中，要讲究原则，把握分寸，合理控制对孩子的爱，把握好爱孩子的"度"。

在很多人眼里，念念比同龄孩子显得更懂事，当别的妈妈还在为孩子不能自己穿衣服犯愁时，念念已经会洗衣服了，这和念念妈妈从小就大胆地对她放手、让她尝试做事情有关。

从2岁起，念念就有了自己独立的房间，妈妈坚持让她自己睡觉、起床、穿衣服。妈妈很爱女儿，可更希望女儿早日独立。懂事的念念知道这是妈妈爱她的表现，就非常认真地按照妈妈的要求去做。

好父母应该给孩子适度的爱，让孩子在父母的爱中，丰

富自己的情感世界，进而升华为进步的动力，而不是让过度的爱成为约束孩子成长的障碍。

1. 用爱帮助孩子成长

父母的爱能够帮助孩子成长。 父母的爱应该是孩子成长道路上的不竭动力，而不能成为孩子前进的阻碍。

父母不要约束孩子，要以促进孩子的成长为目的对孩子进行管教。 当孩子犯错误时，父母要用爱安慰孩子，帮助孩子认识自己的问题，努力地改正；当孩子取得成绩时，父母要用爱表达对孩子的赞赏；当孩子迷茫时，父母要用爱为孩子指明前进的方向。 这样，孩子才会在父母的爱中取得进步。

2. 在尊重的基础上爱孩子

教育孩子首先要尊重孩子的天性，重视孩子的自主权，让孩子自己做决定，自己解决遇到的难题。 父母不应该以爱的名义，强迫孩子按照自己的要求去做事，而应尊重孩子的意愿，不过多干涉孩子的生活，让孩子在尊重中成长。

有智慧的父母会将自己置于和孩子一样的位置，以平等的态度和孩子进行交流和沟通，不给孩子太多的束缚，让孩子尽早学会自理、自立、自主。

3. 给孩子自由的时间

很多时候，父母为了让孩子更加优秀，总是把孩子的时间安排得满满的，除了孩子正常的学习外，还会为孩子安排很多特长培训班。父母用这种方式表达对孩子的爱，但实际上，这对孩子的健康成长是不利的。

父母应该解除对孩子的束缚，不要让爱扼杀了孩子解决问题的能力，给孩子自由的时间，让孩子自由地成长。孩子自己能做的，就放手让孩子去做，让孩子学会对自己的行为负责。

4. 给孩子适度的空间

很多父母出于对孩子的爱，便将孩子束缚在自己的身边，限定在自己的视线范围之内。即使孩子不在身边，也会随时关注孩子的一举一动，以为这就是对孩子的爱。

其实不然，这样会阻碍孩子独立性的培养。孩子在父母规定的范围内活动，容易造成孩子缺乏自主性，养成依赖性，且不能按照自己的意愿做事，这也会使孩子不满，造成亲子关系的不和谐。

不能用物质来代替感情

　　韩伟的爸爸是一家外贸公司的老总，妈妈在一家房地产公司做销售经理，都是成功的白领人士。因为爸爸妈妈的工作忙，韩伟从小就和外公外婆生活在一起。老人疼爱外孙，衣食住行都安排得妥妥当当，加上韩伟也聪明懂事，学习上从来不用大人操心，成绩一直不错，所以平日里学习、生活的事情，爸爸妈妈几乎没有怎么管过。

　　爸爸妈妈也觉得自己的付出太少，有些对不起孩子。于是，凡是爸爸妈妈能够想到的、看到同龄的孩子有的，或是韩伟要求的，无论是吃的、用的、玩的，爸爸妈妈都尽力满足他。逢年过节，或是韩伟生日，爸爸妈妈都会给他买很多礼物、给他很多零用钱。假期里，爸爸妈妈也会让韩伟去参加各种冬令营、夏令营，甚至是远赴欧美的文化交流活动。尽管这样，但韩伟似乎与爸爸妈妈的感情越来越疏远了。爸爸妈妈到外婆家看他时，韩伟只是打个招呼，吃完饭，就回到自己的房间不知干什么去了；爸爸妈妈问他一些学校、学习的事情，韩伟总是敷衍了事，或是用最简短的语言回答；爸爸妈妈偶尔有时间想陪他出去玩玩，或是逛逛街，韩伟经常会找种种理由推辞，让爸爸妈妈把钱留下让他自己来解决。更让妈妈接受不了的是，他们给韩伟买来的吃的、用的，韩伟常常连看都不看，就那样放在柜子里或是干脆没开包装就送给了同学。外婆偷偷地告诉妈妈，她听到韩伟在电话里对接受他礼物的同学说："甭谢我，无所谓的，反正我爸妈钱多得是，也不管我到底需要什么，买了放在那儿也是浪费。他们也就剩下给我买东西、给我零花钱的作用了。"

爸爸妈妈不明白：我们为了韩伟什么钱都舍得花，给他最好的物质和生活条件，他怎么就不领情，还这样对待我们？

韩伟的父母因为工作忙，没时间和孩子在一起交流，只是尽力在经济、物质上给予孩子最好的条件，认为这样就可以替代与孩子在情感上的沟通。

孩子的成长中，最需要与父母在情感、心理上进行沟通，这是其他任何人都无法替代的，也是经济、物质上的优越无法替代的。即使工作再忙，也不应该成为父母疏于与孩子进行交流和沟通的理由。否则，孩子会认为父母并不重视自己，也不关注自己的情感、心理需要，而渐渐与父母疏远、对父母冷漠，甚至产生逆反和隔膜。

孩子因为得不到父母的关爱和重视，其心理需要得不到满足，最终会使孩子的心理健康受到影响。孩子会变得孤僻、多疑，对他人尤其是父母不信任，情绪不稳定，没有责任感、没有爱心，不懂得理解和关心别人。

通过生活中点点滴滴的小事，父母就可以与孩子交流、沟通，对孩子表示关爱，并不一定要专门的、安排好的时间。父母不应该因为工作忙碌，就把孩子全权托付给老人，只是在经济、物质上为孩子提供优越的条件。其实，孩子需要的仅仅是每天与父母一起吃顿饭，能得到父母关爱的嘱咐和爱的目光，这是有心的父母都可以做到的。

孩子需要有保证他正常学习、生活的物质条件，但并不需要过度的优越，甚至是奢侈。奢侈的物质条件，只会使孩子觉得一切都太容易得到，而不懂得珍惜、不懂得爱护。要知道，经济和物质都不能代替情感、心理的关注。

别让爱成为孩子的压力

　　倩倩原来是一个非常活泼、开朗、懂事的孩子，5 岁时父母省吃俭用给她买了一架钢琴，并用几乎 1/4 的工资为她请了钢琴老师，由妈妈天天带着练琴，每周去老师那儿上课。从此以后，妈妈希望倩倩能很快成为钢琴神童，于是每天练琴时，倩倩耳边不时会传来妈妈急躁的训斥和怒骂声，家庭气氛明显地变坏了，学琴成了倩倩无法摆脱的痛苦。

　　然而倩倩从小就非常懂事，她理解父母是"为自己好"，她也知道"必须忍受"的道理。倩倩就在这样的心理状态与家庭氛围中长大了。当倩倩上小学二年级时，周围的人都注意到她变了，变得孤僻寡言、胆小怕事、不愿学习、害怕困难，回到家里也很少和父母说话，与父母的关系变得越来越疏远。

　　如今的父母过分强调"爱"，讲究向孩子献爱。 但这种以牺牲自我为代价、将生命的赌注全押在孩子身上的爱似乎太沉重了。 中国的父母望子成龙的心情特别迫切，父母对孩子的期望值过高已成了一种病态。

父母几乎大半生都在为孩子活着：从孩子出生到抚养其长大，上学就业，结婚成家，到孩子生儿育女，几乎全过程都恨不得承包。这种"承包一切"的爱，充分表达了父母的慈爱之心，但这并没有给孩子的健康成长带来适当的能量和养料。

很多父母之所以把过高的期望强加在孩子身上，是因为他们知道现在的社会竞争很激烈，希望孩子从开始就赢在起跑线上，以增加孩子将来胜出的概率；也有些父母因自己某方面的不足，寄希望在孩子身上以得到弥补，从而不顾孩子的喜好与特点，把自己过高的期望强加在孩子的身上；还有些父母片面地认为，孩子成绩好将来就能成功，从而天天盯着孩子的成绩，希望孩子能次次考第一。无论哪种原因，父母不顾孩子的能力特质、天生禀赋，而把自己过高的期望强加在孩子的身上，都不会有理想的结果。

父母强加给孩子过高的期望，会严重影响孩子身心的健康成长。上海市教育科学研究院普通教育研究所对 800 名上海市区幼儿园家长进行的一项调查显示：超过 95％的被调查者希望自己的孩子受教育的程度要达到或超过大学本科，对子女就业期望率最高的职业依次是：医生、工程师、大学教师、科技人员、演员、运动员、作家、翻译，所占百分比在 2.4％~6.7％之间，而目前上述几类从业者在全部就业人员中的比例不足 1％。

父母对孩子抱有的期望，应该是在充分了解孩子各方面的基础上，让孩子经过努力可以达到的期望。父母为孩子提供学习的便利条件，满足孩子各种学习的要求，对孩子表现出积极负责的态度等，会增加孩子的自信，激发孩子的学习动力，使孩子主动挖掘自己的潜力，最终达到父母的期望。

而把过高的期望强加在孩子身上，会给孩子带来巨大的压力，甚至造成难以弥补的伤害，严重影响孩子的前途与幸福。

很多父母都希望孩子有个美好的未来，常把自己的期望强加在孩子身上，对孩子进行超前教育，其结果只能是揠苗助长。

教育孩子，应从孩子的实际出发，顾及孩子的爱好与特长，尊重孩子成长的自然规律，指导孩子一步一个脚印地稳步发展，才能达到最好的效果。

1. 对孩子的期望要实际

父母对孩子的期望要符合实际，顺其自然。要设身处地为孩子分忧解难，而不要强硬地逼迫孩子，无休止地对孩子提出要求、急于求成。因为这种拔苗助长的方式只会事与愿违。

有一个孩子问妈妈："人家挣5000元，你怎么才挣2000元呢？人家住三居室，你怎么住筒子楼呢？人家有高级职称，你怎么还是助理呢？"

这位妈妈虽然很有涵养，但最终还是受不了孩子这样的提问而大发雷霆。她认为儿子怎么能不顾实际情况而一味地要求妈妈挣大钱、住好房、有高级职称呢？后来，这位妈妈试着换了个位置，站在孩子的角度去思考，由此悟出了一个道理：对孩子的要求要合情合理，符合实际。

父母应该根据孩子的兴趣、能力、素质等各方面的实际情况，提出孩子经过努力可以达到的期望。对竞争意识不是很强的孩子需要这样，对好胜心很强的孩子更要如此。根据孩子的实际情况提出期望，引导孩子定下合理的目标，才能避免孩子由于压力过大、焦虑过度而产生影响身心健康的不良后果。

2. 不要只看孩子的成绩

现在的父母，大多数都只看孩子的成绩，认为孩子成绩好就万事大吉，一心希望孩子将来考取名牌大学，因此只注重孩子的学习，忽略了对孩子综合素质的培养。如此培养出来的孩子，即便成绩很好，也不一定能在社会中成就大事，因为其他方面的不足会严重影响孩子的成功。

郭菁菁是个初二的女生，学习成绩只是中上等，但她在其他很多方面都表现得比较突出，经常受到老师和同学的赞扬。一次，学校里举行辩论赛，郭菁菁也参加了。她精彩的言语、犀利的论断、灵敏的反应受到了评委们的高度赞扬，因此获得了"个人口才奖"；运动会上，郭菁菁参加了多个项目，成绩都很不俗；在生活方面，郭菁菁更是一个好手，大部分家务活她都能做得非常好。

郭菁菁综合素质好，是由于父母的教育得法。在别的父母只看重孩子分数的情况下，郭菁菁的父母却有意识地对她的综合能力进行培养，如让孩子做家务、生活自理、看电视上的演讲比赛、鼓励孩子参加各种竞技活动等。这样，虽然郭菁菁的成绩不是班里最好的，但却是一个被老师与同学们公认的各方面能力发展最全面的学生。

父母不要一提起学习，就和成绩、差距、名次等联系起来，这些都是结果。如果父母过分看重这些结果，孩子会一学习就容易急躁、消极，从而对学习失去兴趣。把到终点看作是目的，就谈不上学习的乐趣。科学教育的观点是：学习成绩并不能决定一个孩子的优劣，每个孩子都有自己的发展前途。父母应该及时树立这样的科学教育观念。

不要总强调自己的付出

　　这是美术特长班报名的最后一天。刘老师正在整理学生的报名表，宋佳悄悄地走进来。

　　刘老师很喜欢这个有艺术灵气的孩子，笑眯眯地对宋佳说："我还要找你呢，怎么到最后一天了才来报名？"宋佳把头深深埋在胸前，小声说："对不起，刘老师。我不报美术班了。""为什么？"刘老师奇怪地问，"你学了几年了，现在放弃太可惜了。"宋佳慢慢抬起头，眼里已经有点点的泪花。"我也不想放弃，可妈妈不让我学了。"刘老师让宋佳坐下，耐心地说："来，跟老师说说是怎么回事。"宋佳说，爸爸妈妈对他很好，在家里什么事都不让他做，吃的用的都给他最好的，可他却觉得活得一点都不开心。每天回家，除了吃饭睡觉，爸爸妈妈就看着他学习，刚在电视前一站，妈妈就说："净偷懒，还不去看书。"只要他有一点的不服从，妈妈就教训他："我们给你创造这么好的条件，花那么多钱让你上好学校，给你买书、买电脑，让你上这班那班，要是学习不好对得起谁？"宋佳觉得，在父母的眼里，因为自己上学花了他们的钱，将自己养育成人，就欠了他们很多很多，所以只能听他们的话、按他们的要求做，没有一点儿的自由和自尊。

"我想继续上美术班，可妈妈却让我上计算机班，我和他们解释了半天、争取了半天。最后，妈妈急了，对我说，'你报班是我给钱，就得听我的'，我就再也没的说了。"宋佳望着刘老师，难过地说："我们怎么不能像国外的孩子一样自己打工挣钱？我真的再也不想花他们的钱了，那样我就可以做自己想做的事了。"

有些父母只注重为孩子提供充裕的物质生活，只注重孩子的学习，而忽视孩子情感、心理和学习以外的其他需要，这是一种不理智的、片面的爱。

有些父母像宋佳的妈妈一样，总把自己为孩子的付出、把为孩子花了多少精力和钱财挂在嘴边，希望以此给孩子一些鞭策、动力，但实际上却成为孩子巨大的心理负担和精神压力。

父母觉得为孩子付出了，孩子服从父母的安排、按照父母的要求行事就是理所当然的。因此，在对孩子的教育和管教中往往态度冲动、急躁，方法简单、粗暴。

父母这种不理智的爱，常在无形中给孩子造成很大的精神压力，使孩子觉得自己在父母眼中没有地位、没有自我，活得没有自由、没有自尊，只是为了回报父母的付出、实现父母的希望而学习、生活。有些孩子会因此产生一种无助和惶恐，总怕自己没有达到父母的目标而紧张不安，生怕对不起父母，让父母失望，生活在负疚和无所适从中；有些孩子则会认为父母为自己所做的一切都是有目的的、功利的，是出于自己的私利，而根本没有为自己考虑过，并试图用抗争、逆反来改变这种状况，甚至抱怨和痛恨父母，做出一些极端的事情来。

父母的爱要理智。孩子不是父母的私有财产，而是一个独立的、有思想、有感情的人。父母为孩子的付出，是做父母应尽的义务和责任，而不是为了让孩子背负一笔永远亏欠的、无法偿还的债务。所以，父母要尊重孩子的人格、自尊，要关心孩子的心理和情感需要。

父母要以平和的心态对待孩子的学习成绩、兴趣爱好，尊重孩子的选择。父母可以给予孩子一些指导，比如告诉他学习一项什么样的技能会非常有用、会对他的学习以至以后生活工作都有所帮助，建议他可以试着学学，但一定不要强制，更不要因此强迫孩子放弃原来的爱好。

千万不要用"我给你花了多少多少钱"之类的语言。其实，父母的付出并不是为了得到孩子的回报，而孩子也应该了解父母为他的付出，懂得体谅父母的苦心，但不要让这些成为孩子的负担。

◇ 用爱浇灌 ◇

儿子，想妈妈了吗？

妈妈，你出差期间，我天天想你。

生活中，父母一句充满爱意的话往往会让孩子感到极大的满足。父母爱的表达能消除彼此之间的隔阂，令亲子关系更进一步。

妈妈，我要和小伙伴一起玩。

宝宝，外面太危险，在家里看动画片吧。

不要以爱的名义约束孩子，要让孩子在爱中既得到情感的满足，又能有更多的机会去探索外面的世界，尝试做各种事情。

爸爸妈妈，今天周末，你们还要出去吗？

爸爸妈妈有一个很重要的会议，陪不了你，拿着钱去买几本书看吧。

孩子的成长中，最需要与父母在情感、心理上进行沟通，这是其他任何人都无法替代的，也是经济、物质上的优越无法替代的。

高情商家教思维

1. 你向自己的孩子明确表达过爱吗？ 他能感受到你的爱吗？

_____

_____

2. 孩子对于你给予的爱是不是全部愿意接受？ 为什么？

_____

_____

3. 你是否以爱的名义要求孩子做一些他不情愿的事情？ 孩子是否感觉到爱的压力？

_____

_____

4. 当你总是讲孩子我有多爱你时，是否希望得到孩子爱的回报？

_____

_____

5. 别让爱成为彼此之间的负担，你同意吗？ 试着盘点一下自己生活中有没有这些现象。

_____

_____

第二章

学会尊重，好妈妈要和孩子做朋友

学会站在孩子的角度看问题

王丽萍的女儿小艳放学回家后，抱怨老师当着全班同学的面大声斥责她。王丽萍听后双手叉腰，用质问的口气说："你干什么坏事了？"小艳瞪起眼，很生气地说："我什么也没干。""不会吧，老师不会无缘无故地斥责学生。"小艳重重地坐在椅子上，不开心地盯着妈妈。

王丽萍继续责问："那么你打算怎样解决这个问题呢？"小艳很倔强地说："什么也不做。"如果再这样问下去，母女之间一定会对立起来，什么问题也解决不了。此时，王丽萍改变了她的态度，用一种友好的语调说："我肯定你当时觉得很尴尬，因为老师在全班同学面前斥责你。"小艳有些怀疑地抬头看了妈妈一眼。王丽萍接着说："记得我上四年级时，有一次在算术考试时站起来借了一支铅笔，老师就让我下不了台。我感到十分尴尬，也很气愤。"

小艳露出轻松的样子，很感兴趣了："真的？我也只是在上课时要求借一支铅笔，因为我的铅笔不够用了。我真的觉得为这么简单的事，老师就教训我，不公平。"

"是这样。但你能不能想出办法，今后可以避免这种尴尬的局面呢?""我可以多准备一支铅笔，那就不用因向别人去借而打断老师讲课了。""这个主意不错。"

由上例可知，作为合格的父母，必须要学会站到孩子的角度看问题，尽最大的努力去获得孩子的信任，才会避免亲子关系中的抵触和逆反，获得相互的理解和尊重。

父母只有尊重孩子，以平等的身份对待孩子，与孩子建立相互信任的关系，做孩子的知心朋友，才能实现和孩子的良好沟通，从而更有效地纠正孩子的不良行为。

有些父母对孩子总是很独断，过于强调自己的观点与尊严而不顾及孩子的想法。这样的父母认为自己从来都是对的，而孩子都是错的。但这样做，不仅得不到孩子的认同，还容易引起他们的反感和对抗。

其实，父母和孩子的交往，应该是平等和民主的，而不是独断的。首先在家庭教育的过程中，父母要尊重孩子。孩子在家庭中扮演的虽然是子女的角色，但他们也应该受到尊重。而要尊重孩子，必须要学会站在孩子的角度来看问题。

父母想学会站在孩子的角度去看问题，就应该做到以下几点:

1. 对孩子永远保持真诚

在与孩子的交往中，父母千万不能虚假，要能客观地意识到自己在想什么、感受什么以及做什么。除了自我意识，真诚还意味着向孩子敞开你的心扉，向孩子表达你的思想和感受。当你的工作没有做好时，你可以对孩子说你很灰心;

当你对孩子很生气时，直接对他表露生气的感受比用隐讳的方式要好。

2. 用"孩子世界"的眼光了解和认识孩子

父母应该明白，成人的世界是成人的世界，孩子的世界是孩子的世界，两个世界是不一样的。 如果父母硬要用成人世界的要求来对待孩子，势必会发生许多问题和不愉快。 因此，父母应该学会放下自己的成见，试着用"孩子世界"的眼光来了解和认识孩子。

3. 学会换位思考

站在不同的位置会看到不同的风景，处于不同的立场会产生不同的观点。 作为父母，应该学会换位思考的方法和技巧，当孩子遇到问题时，能够从孩子的位置和角度来看待问题、分析问题，才能有效地解决问题。 不仅如此，换位思考还是一种了解孩子真实想法、快速拉近和孩子心灵距离的有效方法。

适当给孩子选择的权利

情景一：

李明7岁了。一天，他跟着妈妈去买衣服。当他们到了商厦的时候，李明看上了一双40元钱的运动鞋，可是妈妈认为这双鞋太难看，不适合小孩子穿，就没给他买。于是李明很不开心，妈妈也看了出来，就给他买了很多别的东西。可是，许多天过后，李明还是一直惦记着那双鞋。

情景二：

一天，一位美国妈妈带着5岁的女儿琼一起去便利店买东西。琼看到了陈列在展示架上的芭比娃娃和拼图玩具，于是站在原地看了许久。

"妈妈，我可以买芭比娃娃跟拼图吗？"琼问。

"买两个太多了，而且这两个玩具都不便宜，我只能买其中的一个玩具给你。你可以自己选择要买哪一个。"妈妈说。

"可是这两个玩具我都很喜欢！我要选择哪一个呢？"琼为难地说。

"芭比娃娃的外形很漂亮，和小朋友玩扮演游戏时，可以担任不同的角色；而拼图玩具有许多不同形状的图形，可组合成不同形状的物品。两种玩具都各有不同的玩法和优点，玩具是买来给你玩的，至于要哪一个，你自己决定吧。"妈妈耐心地解释说。

过了好一会儿，琼终于决定买芭比娃娃。母女俩开心地拿着玩具到柜台结账，琼口中还喃喃自语，回去一定要给芭比娃娃取一个特别的名字！

一些父母总是像李明的妈妈一样，认为孩子还小，什么都不懂，所以孩子吃什么、穿什么、玩什么、用什么，都是家长说了算，完全不管孩子是否喜欢。在这样的父母看来，孩子是没有自我意识的，孩子是没有选择的权利的。

另一类父母则不一样，他们十分重视培养孩子的自我意识，强调让孩子自己做选择。他们相信，通过选择，能培养孩子自理的能力。当他长大后，就能从容面对日常生活中许多重要的选择。

每一个人都有选择的权利，都有自己喜欢和不喜欢的东西。身为父母，要尊重孩子的选择，多给孩子一些选择权，让孩子自己的事情自己做主，不要把自己的意志强加给孩子。

任何一个人，要做出正确的选择都不是一件容易的事，更何况是孩子。他们没有经验，又容易被新鲜的东西吸引，因此他们做出的选择和决定，难免不恰当甚至出现错误。所以父母的害怕、担心也是正常的。但不管怎样，也应当让孩子试着自己做一些选择的决定。因为这对孩子的成长很有帮助，这也是孩子成长过程中很重要的一部分。总是由父母做决定的孩子长大后，常常缺乏判断力和选择的能力，而且缺乏责任感，甚至不知道如何对待自己的责任。

当然，在培养孩子自己做主的能力时，也应注意下面几点：

1. 不要给孩子过多的选择

如果说："你想穿什么颜色的毛衣?"孩子可能会提出家中没有的颜色，若父母不能顺从时，可能会使孩子对父母失去信任。 因此，应该这样问孩子："你想穿这件绿毛衣，还是那件红毛衣?"

2. 不能让孩子选择有害的或不安全的事物

孩子对危险和有害事物的认识并不够深刻。 例如冬天一定要穿棉衣，这是没有选择余地的，也是必须执行的。 但可让他作其他的选择：这棉衣是由爸爸妈妈帮你穿，还是由你自己穿，而不是问要不要穿棉衣。 再比如，过马路时你是拉着妈妈的手还是爸爸的手，而不能说，过马路时你要拉着大人的手。

3. 孩子在做决定时，不要给他很大的压力

如果孩子的决定不合理，大人可给些提醒。 如果孩子做决定后遇到挫折，并产生了失败感，父母一定要给予帮助。但这种机会不要给得太多，以免给他造成太大的压力。 父母可以根据情况，运用自己的经验和知识，帮助孩子做一些决定。 不过，这种决定最好是由大人和孩子共同做出，这也是帮助孩子做决定的好方式。 "如果我们不去看奶奶而去看电影，奶奶会伤心的"——这是大人进入孩子的选择中去。 在判断正确与错误的选择时可以说："我们已答应某某去展览馆，不遵守诺言是错误的。"这可以让孩子知道做决定其实就是要对自己负责任。

尊重孩子的隐私与秘密

星期六一早，付女士的儿子就与同学出去玩了。付女士一个人来到儿子的房间，发现儿子的书桌杂乱无章，就走过去想整理一下。付女士打开儿子的抽屉，在抽屉里，付女士突然发现了一个黑色的笔记本。

儿子在笔记本的第一页上写道："自从我上中学以后，我的心里就逐渐变得空虚与孤独，父母除了关心我在学校里的表现外，就是把我关在家里学习。每天当我伏在桌前，不停地写那些永远也写不完的该死的作业时，我就有着说不出的痛苦。"

读完儿子的日记，付女士的内心感到了一种强烈的震撼。她原以为自己和儿子是亲密无间的，可万万没有料到儿子与自己之间竟有这么大的代沟。

傍晚，儿子回到家里，又关上房门独处。晚餐的时候，儿子突然问："爸，妈，你俩谁动了我的东西了？"

"没有啊。"付女士假装糊涂地说。

儿子见妈妈的态度如此坚定，什么也没有说，闷闷不乐地走开了。

过了两天，儿子上学出门后，付女士又偷偷溜进儿子的房间，打算从儿子的日记里洞察他内心的秘密，令付女士吃惊的是，抽屉上不知何时安了一把小铜锁。她突然意识到自己犯了一个低级错误。

晚上，当儿子回到家后，付女士鼓足勇气对儿子说："儿子，我犯了一个错误，你能原谅妈妈吗？"

儿子沉默了一会儿，冷冷地说："不就是偷看日记的事嘛，我不想再谈这件事了。"

"如果你原谅妈妈，就请你把锁打开吧，别把妈妈当贼似的。"

儿子气呼呼地把钥匙抛给付女士说："这是钥匙，你该满意了吧？"

几天以后，当付女士无意中再一次来到儿子的房间时，她又鬼使神差般地想看儿子的日记。可是令付女士失望的是，儿子的抽屉虽然没有上锁，可那日记本不知何时已无影无踪了。

有一天，儿子突然对付女士说："妈妈，你是不是很失望？"

"你为什么这样说？"

"因为我把日记本扔了，并发誓不会再写日记了。"

付女士惊愕地醒悟到：她已经失去了儿子的信任。

随着孩子的长大，成人对孩子的担心，慢慢转变为不放心和不信任。于是一些父母就像上文中的付女士一样，偷听电话、偷看日记。 孩子之所以要求父母"请勿打扰"，根本原因在于父母无视孩子的存在，不尊重孩子的人格与自尊，引起孩子的反感。 但实际上，孩子也需要父母的尊重和理解，他们也有自尊。

一个女孩子在倾吐成长的烦恼时，给某青少年心理咨询所的信中写道："老师，我是一名初二学生，我有一个很大的烦恼，那就是妈妈老是要私拆我的信件。 我有不少朋友，比如小学里的、外面辅导班里认识的、一起排练节目的，等等。平时学习太紧张了，我们就写信联系。 可是信一寄到家，我妈妈就要拆开来，先看看，然后才肯给我。 我说了她好几次，她就是不听。 我已经不再是过去的小孩子了，应当拥有自己的交友领域了，所以我感到妈妈这样做是不尊重我。 那天，妈妈拆看了我的来信后，一边把信扔给我，一边说：'哼，你现在什么也不告诉我了，我看你瞒得了我？'天哪！我有什么东西要瞒着她呀！ 老师，你说我妈妈这样做，我该怎么办？"

处于十四五岁花季的孩子，为什么十分反感父母偷看他们的日记、私拆他们的信件，为什么总爱在家中自己使用的抽屉上锁上一把锁？ 似乎有什么不宜公开的秘密，或者有什么见不得人的事情。 父母正是因此而担心。

其实，这是他们独立意识和自尊意识的一种体现。 进入青春期的孩子，心理上出现了一些新变化：随着年龄的增长，他们对父母的依赖减少，独立意识增强，成人化倾向明显，希望别人尊重他们的自主性、独立性；随着生活领域的扩大，知识信息的增多，他们的内心变得敏感起来，感情也变得细腻起来，许多想法开始在内心翻腾，原先敞开的心扉开始渐渐关闭，有了自己的隐私；而且，即使有不少话想说，但观点已经与长辈不一致了，于是他们与父母的沟通明显减少，转而向"心爱的日记本"大量倾诉内心的"秘密"，或者在信件中诉说内心的感受。

因此，他们往往会把日记本视为不许别人染指的珍宝，并用"锁"划出他人不可随意进入内心世界的"警戒线"。这是独立意识和自尊意识的体现，是孩子走向社会的前奏曲，对处于青春发育期的孩子的身心健康关系重大。然而，有的父母往往出于对孩子的关心和爱护，千方百计地窥视、探测孩子的隐私，没想到这种"关爱"却侵犯了孩子的隐私，成为阻碍其心理健康成长的绊脚石。

在孩子的成长过程中，往往会有许多孩子不愿向父母说的秘密。拥有秘密是孩子成长的营养品，对孩子来说，秘密往往与责任紧密相连，并且要独立承担责任。从这个意义上说，没有秘密的"水晶人"是永远长不大的，拥有秘密并能恰当处置是孩子走向独立的标志。

而许多父母往往处于一种尴尬的境地：一方面希望孩子能够独立，一方面又想了解孩子的所有秘密，生怕孩子脱离自己的监管会成为脱缰的"野马"。这其实是不信任孩子的一种表现。如果采用偷看孩子日记等方式则更是虚伪的表现。

中国青少年研究中心的一项调查发现，近30％的中小学生日记和信件被父母偷看过。难怪有位中学生在给孙云晓老师的信中写道："我想用世界上最大的声音，告诉所有不信任我们的人：请信任我们！路是我们的，人生是我们的，生命是我们的。我们能够自己装点人生。大人应该给我们一些机会，让我们也试一试，不做一个永久的观众。父母老是说：'我想了解你的想法。' 可是他们知道归知道，但并不按我们的想法去安排。这样的理解等于零。"因此，作为父母，应该尊重孩子的秘密，尊重孩子的隐私。虚伪的、不光明的行为只能培养出更加虚伪的孩子，诚实要靠诚实来感染，了解孩子并不等于掌握孩子的全部秘密。

毫无疑问，保护孩子的"隐秘世界"是对孩子的尊重，父母也会因此赢得孩子的敬重和爱戴。那么，父母应该如何对待孩子的隐私和秘密呢？

1. 不偷听孩子的电话

一个网友曾说，她的孩子已经 16 岁了，正是有秘密的年龄。有时孩子打电话，她就在旁边听。之后发现孩子与同学在电话里竟说起外语了，这回她可担心了。其实，这正是由于父母不允许孩子有秘密，孩子打电话都像"犯人"一样受到监视，当然只能想办法对付父母了。父母不要去偷听，假如真的有疑惑，可以开诚布公地问问孩子，孩子一般是不会反感的，孩子反感的是父母偷偷摸摸、不光明正大。

2. 不逼迫孩子说出不想公开的秘密

对于孩子的秘密，重要的是给予孩子适当的帮助或引导，不应该以打骂、斥责等方式逼迫孩子公开，这样的结果只可能是适得其反，更严重的结果是使亲子关系更加僵化，加大教育的难度。假如孩子真的不愿意说出秘密，可以耐着性子等等看，另外，父母应当想办法让孩子相信，你们才是最能够给他们切实帮助的人。

3. 理解沟通，尊重孩子的自尊自由

随着年龄的增长和独立人格的形成，孩子的"保密性"越来越强。 如日记和书信的内容，与同学交往和谈话内容，都不愿主动地向父母透露。 这时的父母，可以经常主动地找孩子交谈，达到与孩子情感上的沟通，营造家庭中平等、民主、理解、宽松的行为模式，使孩子感受到自己和父母之间不仅仅是血缘上的亲子关系，更是生活中可以信赖的朋友。 这样一来，孩子也很愿意把自己心中的秘密告诉父母。

4. 有的放矢，引导孩子健康成长

尽管孩子的自主意识增强，但正确的人生观尚未形成，是非观念不强，缺乏自我克制的能力，正值成长的心理危险期，在处理诸如学业、情感、人际关系、生活等许多方面，还不可能把握好分寸。 因而父母在细心观察孩子的思想动态、掌握孩子内心隐秘的同时，要根据其性格、爱好等有针对性地采取措施，培养孩子分辨是非的能力。 当孩子有了自己的爱好、理想甚至异性朋友时，更应循循善诱，加以引导，使孩子在学习和生活中把握自己的思维、生理和内心隐秘，规范自己的品德和人格，使自己学会如何去辨别朋友、增进友谊、处理矛盾，并不断排除和修正内心隐秘世界中非健康的因素。 当然，父母还要允许孩子"保密"。 内心的秘密是每个正常人具备的基本内容，从这个意义上讲，尊重孩子的"隐私"，就是尊重孩子的人格。

尊重孩子的兴趣爱好

　　海龙已经上初一了，以前的假期，爸爸妈妈都是把他送到奶奶或姥姥家，因为家里没有人给他做午饭。这个假期，妈妈觉得海龙已经长大了，应该更独立一些，所以就在刚刚放假的几天教海龙做了几样简单的饭菜，让他自己在家时不至于饿着没饭吃。

　　谁知道，原本只是为了能让海龙简单对付的一顿饭，竟让他从中发现了很多的乐趣，并喜欢上了做饭。只要有时间，海龙就会抢着为家里人做饭，追着妈妈爸爸学这个、学那个，甚至还把妈妈多少年以前买的一本菜谱拿出来，有事儿没事儿就研究一番，还真的按照菜谱上备料，动手操作。

　　起初，爸爸妈妈没有把这当回事，只觉得是孩子一时兴起，吃了海龙做的菜还都交口称赞。可时间一天天过去了，海龙的兴致有增无减，水平一天比一天高、劲头也一天比一天大，他甚至对爸爸妈妈说："没想到做菜这么有意思，我以后长大当个厨师也不错！"

　　爸爸妈妈很生气，觉得别人家的孩子要么喜欢看书，要么喜欢画画儿、音乐，自己的孩子怎么偏偏喜欢上了做饭？妈妈真后悔，当初干吗想起来让海龙学做饭。爸爸也一个劲儿地埋怨妈妈，干吗多这个事儿。于是，爸爸妈妈建立起了统一战线。为抑制海龙这个"不良嗜好"，每天都把他送到奶奶或姥姥家，就算再麻烦也在所不惜。家里的菜谱被没收，严令禁止海龙再进厨房。并开始反反复复地向海龙灌输，作厨师没有学历、没有地位，即使当个高级厨师也是伺候人的，多没出息！我们要你好好读书，以后上大学，才有好前途。

海龙的妈妈在孩子兴趣、爱好的选择上有较强的功利心，对一些与孩子考试、升学有关的，或是感觉上高雅的，就积极支持、鼓励，甚至是逼迫孩子去学。而对于一些孩子真正喜欢的，如烹调，却因为不符合自己的标准就制止、否定。

孩子有选择自己兴趣爱好的权利。如果父母制止孩子的兴趣爱好，而把自己的意志强加给孩子，孩子不是出于真正的喜欢，兴趣和爱好就失去了它应有的意义。而过分抑制孩子，会使孩子渐渐地对什么都不感兴趣，甚至变得空虚、无聊，影响孩子性格的发展。

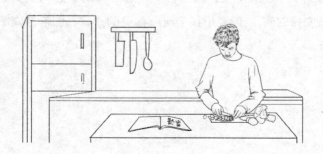

父母把功利心和不正确的价值观带到孩子的兴趣爱好中，或许会让孩子觉得他所做的事情并不是出于自己的意愿，而是为父母才做的，从而没有热情和积极性，甚至逆反；也或许会让孩子受到这种功利思想的影响，变得爱慕虚荣、片面追求所谓的高雅时尚。

父母对孩子的过分干预和对某些职业的否定性描述，会使孩子对自己的爱好产生片面的认识，认为自己没有眼光、没有本事，从而否定自己对事物的判断能力，变得没有自信。

父母应该从小发现、鼓励和培养孩子有一种或几种爱好。这样会使孩子的人生变得丰富多彩，充满乐趣和期待，对人的一生都有很积极的作用。在孩子选择兴趣爱好时，固然需要父母的引导，但绝不可以代替孩子。

即使这种选择可能与父母的期望有差距，但只要是正当的而非不良嗜好，就应该尊重孩子的选择。孩子在做自己喜欢的事情时，他的创造力和潜力才有可能得到充分的发挥，他的专注、认真，持之以恒的习惯和意志品质也可以得到锻炼。这些，对孩子的学习也是有帮助的。

当然，父母要对孩子给予指导和帮助。如果孩子因为沉浸在某个兴趣爱好中而影响了正常的学习、生活，父母还是应该给予一定的干预，教会孩子正确对待两者之间的关系，合理安排时间。但要用孩子可以接受的方式，切不可简单地制止。

◇学会尊重◇

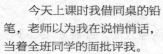

今天上课时我借同桌的铅笔，老师以为我在说悄悄话，当着全班同学的面批评我。

那你一定感觉很尴尬了。今后你可以多准备一支铅笔，就可以避免这种情况了。

父母只有尊重孩子，以平等的身份对待孩子，与孩子建立相互信任的关系，做孩子的知心朋友，才能实现和孩子的良好沟通，从而更有效地纠正孩子的不良行为。

妈妈，我想要那个粉色的文具盒。

给你买这个吧。

这是妈妈不对，我以后保证不看了。

没经过我允许，你怎么能看我的日记！

父母要尊重孩子的选择，多给孩子一些选择权，不要把自己的意志强加给孩子。

保护孩子的"隐秘世界"是对孩子的尊重，父母也会因此赢得孩子的敬重和爱戴。

高情商家教思维

1. 换位思考是一个非常有效的沟通之道，说说你和孩子之间会经常这么做吗？

_____

_____

_____

2. 在有关孩子自己的事情上，你的孩子有选择权吗？ 发生冲突时，你是怎样做的？

_____

_____

_____

3. 孩子相信你吗？ 具体表现有哪些？

_____

_____

_____

4. 孩子的兴趣爱好能得到你的支持和理解吗？ 如何帮助孩子正确分配时间？

_____

_____

_____

5. 你的孩子感觉到你的尊重了吗？

_____

_____

第三章

用心倾听：让孩子说出心里话

倾听是表示关怀的一种方式

孩子兴冲冲地跑回家："妈妈，我想把在学校发生的所有事告诉你！"

妈妈："你说，你说，妈妈听着呢。"

孩子："我们班的小帅又把新来的女老师气哭了。"

妈妈："噢！"

孩子："小明和强子打架被老师罚站了。"

妈妈："噢！"妈妈一边说，一边还在厨房里不停地忙碌着。

孩子继续："我们要发新书了！"

妈妈："知道了！"

孩子有点不耐烦："妈妈，你到底有没有在听我讲啊！"

妈妈："听着呢，都听见了。"

孩子："那就给我复述一下。"

妈妈："我现在忙着呢！"

孩子："算了，我也不跟你说了，你好像一点也不关心，我回屋了。"

很多父母就像上文中的妈妈一样，他们觉得孩子没有什么思维，孩子很简单，孩子很幼稚，孩子不懂事，其实未必。没有倾听就难以发现。　有的时候，孩子表达的只言片语都是真实的、可贵的信息，身为父母一定要学会翻译，学会继续去问。　比方这个时候你可以温柔地拥抱着孩子，问他："是吗？怎么回事啊？"然后让孩子用平静的心情把事实断断续续地说出来，这个时候父母才能得到重要的信息，才能做出恰当的判断。　所以说，倾听是一种爱，倾听的艺术就是教育的诀窍！

　　孩子越小越愿意倾诉，父母应充满耐心与兴趣地倾听，因为这是亲子沟通的黄金时期。　为什么会有许多父母抱怨孩子越大越不愿意和他们交流呢？　其实部分原因是缘于孩子小时候的倾诉意愿没有得到完全的重视，因而渐渐地孩子也就不愿意和父母交流了。　其实，孩子年纪越小，就越容易沟通，如果坚持下去，孩子即便大了，也会习惯与父母交流。

　　但是在现实生活中，有很多父母认为小孩子讲的话都是无稽之谈。　然而事实是，如果父母现在不能听取孩子所关心的事，将来孩子也不可能会去倾听父母所操心的事。　学会倾听是亲子交流的基本要求。　父母如果能够尊重孩子，倾听孩子的谈话，则能够创造更多与孩子交流的机会。

　　一位十几岁的小姑娘离家出走了。　她的妈妈悔恨地说："我不该去打断她的话头，不管她如何滔滔不绝。　这样当她长成十几岁的大姑娘时，有事就会和我商量了。"还有一个孩子，他对母亲说："妈妈，请您耐心地听听我所提出的问题。只有您肯听我讲，我才能向您学习去听别人讲。"

　　作为孩子的父母，你是否能听得出这番话里隐藏的委屈和挫折呢？然而，现在耐心地听孩子讲话的家长越来越少了。 常常看到有的家长在小孩子靠近时只是应付一下，并说出"不善于与孩子打交道……"之类的话，然后就急忙躲开了。 现在的父母，在与孩子沟通时，缺乏耐心，经常是看着报纸或电视随声附和地聊上几句，很少看到父母面对面地耐心倾听孩子说话的情景。 但是，也有的父母这样说："孩子有什么话也不跟我说，我说什么孩子也不入耳。"而孩子也抱怨说："父母什么事也不给我们讲明白。 父母光说自己想说的话，可我想说的话，父母都不听。"这种父子或母子感情疏远的现象常常为父母也为孩子所困惑。

倾听是表示关怀的一种方式、一种无私的举动，可以让你的孩子离开孤独，进入亲密的家庭氛围，并享受父母的温情和关怀。

父母要学会倾听，这不仅仅是一种表示关怀的形式，也是了解孩子最有效的途径。 身为父母的你有必要定期抽出专门的时间来倾听孩子的心声，让孩子感觉到你对他的重视，而孩子对你的信任感也会越来越深。 这样一来，你的孩子才会向你袒露内心世界，让你知道他对事物的看法和感受。 父母要学会听，孩子才会说。

"倾听孩子的心声"是家庭教育最为重要的一环。 因此，学会倾听也是父母用行动去关怀孩子的一种途径，父母只有这样做，才能搭起与孩子进行心灵沟通的桥梁！

和孩子交流时要少说多听

钟科的母亲平时教育钟科特别喜欢唠唠叨叨，从来不听钟科的意见。

有一天，钟科放学回家，放下书包就开始诉说学校里的不良现象，并发表了自己的许多看法。奇怪的是母亲并没有打断钟科的话，而是认真地听钟科把话讲完。钟科虽然不知道是为什么，但心里真的特别高兴，于是感激地说："妈妈，谢谢您今天听我说了这么多的话。"

原来钟科的母亲得了咽喉炎，嗓子哑了，医生叫她少生气，不要说话。钟科回家时，她刚吃完药，虽然听了一半就很生气，本想打断孩子的话狠狠地数落他，但

因嗓子疼说不出话，所以只好听他说下去，却最终听到了孩子的心声。

孩子谢谢妈妈是因为妈妈"今天听我说了这么多话"，但造成这样的结果的原因是母亲患了咽喉炎，嗓子哑了，遵医嘱而不要说话。这就是说，母亲成为一个被动的"倾听者"，此时的教育效果是母亲意想不到的。所以，少说多听也是一个好方法，说教太多，教育效果未必很好。

有人说："唠唠叨叨是母亲教育孩子的一大特点。"用孩子的话说："我妈除了唠叨，没有别的招儿，烦死了。"还有的孩子说："妈妈的话来回来去地说，没完没了。"

有资料表明：学生中有 90% 的人认为父母对自己一点都不能理解，一见面就唠唠叨叨，内容也是千篇一律，没有一句话能帮助自己解决面对的困难，还凭空地让自己生出许多烦恼。于是，孩子便想出应付办法，一是不到最后时限不回家；二是回家就往自己的小屋里钻，反手将门锁上，用房门阻断与家长的联系。个别孩子因为没有力量当面抗击家长的强权，不得已钻进卫生间一待就是两三个小时，在那窄小的天地里享受自己的歌曲、读物，编织快乐的遐想。

从家长的角度来看，谁不想让自己的孩子能够有一个终身幸福的生活？为了让孩子少走弯路，尽可能达到满意的成长和生活状态，父母通常将自己的生活体验告诉孩子，应该怎样做，不能怎样做。当孩子不愿遵从父母的意愿，依然我行我素时，父母就会为孩子可能犯的错误而焦虑，为他们可能遇到的挫折而忧心忡忡。家长的责任心促使父母们不断向孩子重复自己的意见，重复自己的要求。于是，矛盾爆发了。

孩子不能忍受父母的管制，父母不能理解孩子的作为。孩子知道父母的意见是对自己的关爱，但爱的表达方式让人很难接受，不仅不能帮助自己，还给自己带来不小的心理压力，最直接的坏处是影响了自己的情绪。 心理学实验表明：在情绪高涨、轻松愉快的状态下进行学习的学生，其学习成绩比情绪低落、抑郁和长期处在激愤状态下的学生要高出20％左右。 这是父母们不应忽视的一个事实。

在家庭教育中，我们提倡身教重于言教，但从家庭教育咨询中反映出来的问题看，父母在教育孩子的过程中，常常是"言教重于身教"，也就是"说话"太多，尤其是做母亲的，这样的教育效果不但不佳，有时还适得其反。 所以，作为父母应该改变传统的教育方法，着重培养自身的教育意识和教育行为，使言教和身教相统一，身教重于言教。 多倾听，少说话，是一剂良方。 给父母一些建议：

1. 简单的事情不必解释

父母要明白，对于有些简单、普遍的道理，孩子并非不懂，做父母的如果过于解释，反而会使孩子心生厌烦。

2. 不再没完没了地唠叨

唠叨适可而止，尽量少说多听，为孩子提供贴切的、有实质性的帮助。 在此基础上，还会有哪个孩子认为父母的话是让人心烦的唠叨？ 还有哪个孩子不愿向父母请教？ "说教"太多，会把孩子弄得无所适从。 孩子对母亲没完没了的数落和长篇大论的说教是厌烦的，如果父母的高论与事实相差太远，效果更是可想而知了。

3. 保持平等的地位

家长与孩子谈心时，往往保持居高临下的态势，带有命令式的口气，孩子在这种气氛下，往往带有一种恐惧或逆反心理，从而不愿吐露心中的秘密。如保持平等的地位，以朋友的身份和口气与孩子交谈，孩子就比较容易接受，从而很自然地与家长一起探讨学习和生活中的疑点和难点，增强孩子的自信心与创造力。

家长应以关怀的笑容、信任的眼神、理解的心态耐心地听孩子把话说完，以平和商讨的口气与之交流。

可是，有些时候，家长往往会板着面孔并打断孩子的话，须知，这样做既伤害了孩子的自尊心，也会使孩子从此不愿向大人吐露心声，形成沟通的壁垒，对孩子健康成长不利。

4. 应面对面听孩子说话

因为孩子小，声音弱，所以大人在倾听孩子说话时，最好使自己在身高上与孩子处于平等位置，互相凝视着，这样效果才会更好。

鼓励孩子学会表达自己的想法

　　章显是个特别听父母话的孩子，但就是不爱多说话。平时，做完作业，他就喜欢读书或者看电视，很少同父母一起交流、谈心。章显的爸爸妈妈平时也是大忙人，不是很重视孩子在表达这方面的表现。

　　2005 年 11 月 11 日，北京奥运吉祥物揭晓，章显和爸爸妈妈一起看这个节目。爸爸和妈妈在讨论五个福娃哪一个名字和形象更好一些时，在旁边坐着的章显却一言不发。

　　妈妈觉得每一个孩子看到小福娃可爱的样子，都会情不自禁地说上几句的，爸爸也意识到儿子实在是太沉默了，家里几乎听不到他的声音，于是问道："儿子，你喜欢哪一个福娃呢？"

　　章显见爸爸问自己，想也没想就回答说："都差不多。"

　　妈妈接着说："我喜欢'贝贝'。你觉得怎么样呢？"

　　章显说："嗯，可以。"

　　爸爸和妈妈相视了一下，妈妈又对他说："显显，你已经是大孩子了，对任何事物都该有一个自己的喜好评

价呀？每个人都是有头脑和思想的。你有什么想法，以后要跟爸爸妈妈说出来才行。"

后来从章显的老师、同学那里了解到，章显碰到说话、发言的事情就往后躲，上课回答老师问题从不举手，偶尔被老师提问到，他会满脸通红、吭吭哧哧地说不出话来。

在重视交流和合作的社会，孩子的说话能力和讲话水平，被用来当作评价个人知识、修养和能力的重要标尺。所以，父母要重视对孩子说话能力的培养，特别是对于像上面故事中的章显这样不爱表达自己想法的孩子，一定要鼓励他主动地说出自己心里真实的想法。

有的孩子本身性格内向，对于这类孩子，父母要尽量让他多和外界接触，在和他人接触的过程中培养自己的性格以及养成和别人交流的好习惯，学会向他人表达出自己内心真实的想法。

很多孩子在外人面前会害羞，对于这类孩子，父母要学会尊重，站在朋友的位置，用心去感化孩子，帮助孩子矫正害羞的习惯，让孩子学会交流，掌握融入人群中的方法，以便得到他人的理解和支持。

有很多孩子在家里很能说，只要给他机会就可以不停地说下去，但大多都不着边际，有很多时候话讲完了，听的人却一头雾水，不知道孩子到底想表达什么。有很多孩子，在父母面前能说会道，但遇到陌生人，便吓得不敢出声。有些孩子在私底下说得头头是道，但真正让他上正式场合却扭扭捏捏，说话结结巴巴，这些都不利于孩子今后独立地走入社会。因此，做父母的应该从小引导孩子会说话，有勇气有信心说话。

1. 父母要学会引导、激发孩子说话的欲望

那些性格内向的孩子常常喜欢独自一人玩，默默地做事，对于这样的孩子，父母要千方百计地引导他说话，把他说话的欲望给激发出来。问孩子一些问题，尽量避免问那些只需要孩子点头说"是""有"或摇头说"不是"或"没有"这一类问题。可以问他一些学校里的情况，比如"老师是怎么夸奖你的""班里和你最要好的同学都有谁"等。

2. 父母要学会指导、帮助孩子说正确的话

孩子说话时可能会出现用词不当、前言不搭后语等现象。父母在听的过程中，要随时帮助孩子选用正确的词汇，要求孩子有准备地搭配语言，让孩子把话讲完整，教孩子把想讲的话联系起来思考后再讲出来。长期下来，孩子语言的准确性就会不断提高。

3. 父母要注意提高孩子的思辨能力

由于孩子的知识面较浅，接触外界的机会相对要少，辨别能力比较低，所以，他们说的话常会与客观事实不符。父母在听的过程中，应注意把握孩子的说话内容，正确地判断，并给予积极的肯定。在父母与孩子共同的评析过程中，孩子思想的准确性、深刻性会变得更好。

思辨能力的培养，需要一个积累的过程，让孩子多看一些科普书、电视新闻，了解世界、了解社会，平时多跟孩子交流、讨论一下人和事，多参加社会活动。在家庭中不管讨论什么问题都让孩子发表意见，也可以锻炼孩子的口才。多看书，学习书中优美语言的用法，学习多了逻辑思维自然有条理了，孩子也就会引经据典，语言表达更具说服力了。带着孩子走出去，开阔视野，多与他人交流。只要有机会就与孩子说话，有意识地反问、提问。让孩子在聚会时发表自己的意见，全家人一起演讲，大家相互提意见，哪怕孩子说得不好，也要鼓励他。总之，父母要多给孩子提供训练说话和锻炼口才的机会与环境，提高孩子的情商。

倾听的同时，还要尊重孩子的意见

情景一：

刘蒙就要参加中考了，这对他来说是人生的一道关口。在他的同学都计划着如何考进一所重点高中时，刘蒙却一筹莫展。他不喜欢数理化，成绩也只一般，但数理化又是中考必考科目，即使能考取高中也很难考进重点，说不定还有考不上高中的可能。

周末，刘蒙回到家，跟妈妈商量说："妈，现在学校同学都忙于复习，都准备考重点高中。"刘蒙说到这儿停

下了，他要看看妈妈如何反应。妈妈也知道刘蒙一定是有什么话要说，只说了声："哦，接着说。"刘蒙说："妈，我想跟你商量一个事。"妈妈说："你说吧！""我想考美术学校。"刘蒙鼓起勇气说。妈妈说："理由呢？"刘蒙说："因为我的数理化成绩不太好，我也不太喜欢这几门学科。即使现在考取了高中，到了高中后又是什么样，我没有把握。我喜欢美术，如果能把学习和自己的兴趣相结合，我想我肯定会开心，也会学得好。所以我想考艺术类院校。"妈妈听完心想：孩子说得也有道理，做家长的不能把自己的观点强加在孩子身上。儿子从小喜欢画画，但上中学后，就再也没有工夫画了。现在孩子提出去学美术也许是个明智的选择。想到此，妈妈说："刘蒙，你现在也这么大了，读什么学校你自己决定吧，也许你的选择是对的，我和你爸支持你。"刘蒙如愿以偿地考进了美术学校。毕业后，刘蒙在美术界就开始崭露头角，他的个人画展受到业内人士一致好评，后在一家跨国文化传媒公司任美术主编。

情景二：

丽丽是一个漂亮的女孩，身材苗条，而且特别喜欢舞蹈，业余时间参加了舞蹈班。她经常在家对着镜子练习，还收集了很多舞蹈明星的艺术照片。但父母坚决反对孩子的这个兴趣。在他们看来，舞蹈出名的机会太小，而且要吃很多苦，还不如把学习搞好，上一个好大学实在。于是他们在校外给孩子报英语班、数学班，还不辞辛苦每天接送。丽丽对这些并不感兴趣，她几次与父母说，但爸妈根本不听她的。为逃避上课，丽丽经常撒谎、放学不回家，父母为此十分伤心。

　　在第一个故事中，刘蒙妈妈的朋友曾认为她的想法有问题，竟然不让儿子读高中。刘蒙的妈妈说："我不认为是错的，这是我们母子俩达成共识后的选择，而且我发现儿子现在是全身心地投入学习。当我看到儿子快乐地学习、生活，我也同样快乐。"

　　但是，现在像丽丽父母这样"伤心"的家长也不少。真正关心孩子的未来就要学会倾听，而不要把自己的愿望强加给孩子。对孩子的爱好，只要不是原则问题，就不要干涉过多，顺其发展，然后因势利导，促其发展，切不可忽视孩子内心的感受，主观地为孩子设计好一切，强迫孩子去做，这样只会压抑孩子的兴趣，使其产生逆反心理。父母要在倾听的同时，尊重孩子的意见，如校外的兴趣班，上或不上要征求孩子的意见，只要孩子说得有理，就应采纳。如果丽丽的父母尊重了孩子的意见，让丽丽学舞蹈，孩子感兴趣，哪怕没有家长陪着，她也会尽力地去学，因为兴趣是成功的动力。

　　倾听的实质是一种对孩子的尊重。在倾听的同时，孩子已经接受了父母传递过来的尊重信息，他们就会更亲近父母、信任父母。 倾听孩子的谈话，赢得孩子的信任，彼此交流就没有障碍，这样，亲子沟通时父母就能更多地了解孩子的心理活动，以便引导孩子健康成长。 因此父母必须记住：

1. 倾听要建立在信任的基础上

没有任何事比听完孩子的话更重要。 倾听孩子的谈话就是尊重孩子、信任孩子，孩子就会与你更亲密。

2. 倾听时要尊重孩子的选择

倾听时要尊重孩子的意见。 孩子做出合理的选择时要支持，做出不合理的选择时要引导孩子做出合理的选择。

倾听时要注意观察孩子

　　小红是初二的学生，妈妈是个医生，妈妈在不值夜班时尽量抽空陪女儿聊天，以增加母女俩的感情。有一天，小红放学后，回到自己的房间做功课，刚拉开抽屉，就发现自己的笔记本换了位置，自己收藏的卡通画、贴纸等有一半不见了。小红气冲冲地问妈妈："妈，谁动了我的抽屉？"妈妈看见小红怒气冲冲的样子，只重复了一句说："谁动了抽屉？"

　　小红激动地说："我抽屉里又没有什么好看的东西，却被翻得乱七八糟。"妈妈说："是我刚才收拾你房间时弄的。"小红没好气地说："那以后我的房间就让我自己收拾吧！"妈妈还是不明白为什么收拾了一下她的东西会让孩子如此生气。"让你收拾，你是说明天让你自己收拾？""不是，我是说以后，至少我的书桌让我自己收拾。""你的书桌？"妈妈说。"对，我的书桌，你要是认为我的书桌很脏，至少我的抽屉你就不要动了。"妈妈感到疑惑，为什么小红两次都说到抽屉，难道她的抽屉那么重要吗？妈妈引导说："那我明天就不动你的抽屉，好吗？""不，以后你都别动了，我们同学的抽屉都是自己收拾。"小红说。妈妈重复道："同学都是自己收拾抽屉？"小红说："对。"妈妈通过倾听和观察明白了小红的意思，小红需要有一个属于自己的抽屉。妈妈笑着说："我明白，我们的小红不再是小孩子了，现在已经是大姑娘了，需要自己的空间了。"接着说，"明天我去买把锁装到抽屉上，你的房间谁有空谁就收拾。你看呢？"小红高兴地说："我听妈妈的。"第二天，妈妈真的买来一把锁装到抽屉上，钥匙交给了小红。

　　小红的妈妈一面倾听小红说话，一面揣摩小红的心态，根据她的言语和神态，基本清楚了小红心里想的是什么，有什么需求，不用小红说，妈妈就道出了小红需要有属于自己的抽屉。 所以亲子间的沟通，除了认真倾听外，还要注意孩子说话的用语、语调、肢体语言、表达速度及面部表情等，通过这些信息可以帮助父母更深地了解孩子谈话的目的和需要，从而使沟通更有效。

下面，我们就来看看父母在倾听孩子说话时应如何注意观察：

1. 关注孩子的面部表情

孩子情绪和感受的变化，最早会体现在脸上。 比如孩子笑的时候说明心里是高兴和愉快的；哭的时候可能是委屈、悲伤、痛苦、伤心的；孩子点头，表示同意；摇头，表示否认；眼神集中，说明孩子对该事物感兴趣；面露疲惫，说明孩子觉得无聊等。 面部表情具有直观性和形象性，父母掌握了孩子的面部表情变化，才会更好地把握孩子的情绪和心理变化。

2. 留意孩子说话的语调和语气

孩子的非语言表达方式有多种，语调和语气是其中很重要的形式。 孩子如果感到紧张、害怕、恐惧，就会出现结巴的现象；孩子思考问题时，可能不会说话或有动作反应；孩子语速快，说明情绪很激动、兴奋；孩子故意加重语气，可能是为了引起父母的注意等。

这些都需要父母加以留心。 父母可从孩子的话语中，窥探孩子的内心世界，再给予孩子适当的鼓励，孩子会更积极地和父母说心里话。

3. 注意孩子的举止

当父母向孩子说教时，孩子可能会用手捂住耳朵，或者会故意做别的事情，这是在向父母传达"我对您所说的没有兴趣"这样的信息；如果孩子注视着父母，安静地听父母说话，说明孩子对父母的话题感兴趣，这时对孩子施教，会取得理想的教育效果。

孩子的心理和情感变化信息，都可以在孩子的细微动作中得到体现，父母要根据孩子的动作，了解孩子的内心活动，从而调整教育孩子的方式。

4.给孩子积极的情感反馈

当孩子的信息通过体态语言表达出来的时候，细心的父母要懂得分享孩子的情绪感受，与孩子进行眼神的接触，或者用点头的方式表示对孩子所说的话感兴趣。 父母只有给予孩子积极的情感反馈，才会激发起孩子对自己良好的感受和评价，从而有利于孩子的身心健康。

> 妈妈，今天同桌萱萱给我讲了一个非常好笑的笑话，我讲给你听……

> 哈哈，确实挺好笑的。今天学校还有什么好玩的事？

倾听是表示关怀的一种方式，可以让你的孩子远离孤独，进入亲密的家庭氛围，并享受父母的温情和关怀。

> 静静，你已经是大孩子了，要有自己的想法，你要勇敢说出来。

> 十一我们全家去旅游，静静你想去哪儿？

> 听你们的吧，我也不知道去哪儿。

有些性格内向的孩子常常喜欢自己一个人玩，喜欢默默地做事，对于这样的孩子，父母要多引导他说话，把他说话的欲望给激发出来。

高情商家教思维

1. 孩子愿意和你说话吗？ 你愿意听孩子说话吗？

_____

_____

_____

2. 你觉得父母和孩子交流时都要注意些什么？

_____

_____

_____

3. 孩子愿意在你面前表达自己的想法吗？

_____

_____

4. 倾听孩子说话时都要注意些什么？

_____

_____

5. 总结一下自己在和孩子交流时倾听的得与失。

_____

_____

_____

第四章

说的艺术：妈妈这样说，孩子才会听

营造顺畅交流的氛围

　　孔菲一家通常会利用假日的晚间，到附近社区的饮茶小馆"莲花茶坊"小坐，各自点喜欢的饮料和小吃，然后就天南地北地聊起来。在轻松的气氛中，不谈公事，话题很轻松、自然。此时孔菲跟孩子拉近了距离，渐渐地，孩子会把内心情感细细地道出。

　　有一天晚上，他们又在社区的"莲花茶坊"喝茶聊天。

　　女儿说道："我觉得啊，我们家是追求知识与品质的家庭。我在想，现在是因为我的功课还不错，才不会有一些压力。如果我功课不好，那我会怎么样？在我们家，我还是会很快乐的！"

　　孔菲说："是啊，功课不好，也可以很快乐！"

　　女儿说："可是妈妈还未曾体会过吧，因为我没有功课不好的时候。"

　　孔菲说："我觉得，你有时候不必刻意强调功课，那样你的功课反而会更好。"

　　女儿说："对啊，因为大家都很优秀。"

孔菲说："我觉得，读书只是人生中的一条路，还有其他可以发展的路。重要的是你自己想做什么，是你自己的价值观问题。现阶段你想追求什么？"

女儿说："我啊，我很喜欢美术的。"

……

可以看出，孔菲和女儿的交流非常顺畅，交流的氛围也相当好。然而，有些父母与孩子的交流却总因种种原因不得不搁浅，问题就在于这些父母在与孩子交流的过程中，往往不自觉地便处于了领导地位。这种交流方式表明父母根本不关心孩子的感受、想法和正在做什么，并会对孩子产生这样一种暗示：在父母和孩子之间，父母总是强大的、聪明的，父母的需求是更重要的。这种交流模式抑制了孩子的情感表达，使孩子认为父母对他的话根本不感兴趣。

父母与孩子交流中另一个常犯的错误就是说教，交流常常变成了父母一方的演讲，他们觉得自己总是对的。这类父母最爱用的词是"你应该怎样怎样""你不应该怎样怎样"。当父母采用这种方式与孩子交谈时，就会发现孩子的眼神开始是惊异的，然后是疑惑的，再之后则是冷漠的。这个时候，孩子已经决定关闭自己的心扉，不再讲出自己的真实想法了。

父母与孩子交流的另一个障碍是责备。比如："我告诉你什么来着？我早就知道这事儿迟早会发生。""如果你早听我的……""你怎么这么笨。"在父母的批评、训斥、贬低、责备声中成长的孩子，往往不愿与父母讨论问题，因为他们知道，不管他们怎样努力，都不会得到父母的夸奖。

以上种种交流方式的一个共同的特点是，父母更多的是站在教育者的立场上，而不是站在心理交流的立场上。 这样常会使孩子们感到父母根本就没有认真倾听他们的感想，甚至会认为父母根本就不关心、不理解他们，因而他们也就不愿意与父母进行交流。

要想打开与孩子交流的大门，营造顺畅交流的氛围，最重要的是要使交流显得坦诚和有效。 父母应该让孩子知道，他们投入了全部的爱心和真诚来与他交流。

1. 与孩子进行平等的交流

孩子能够从父母的语调中得到比在话语中所得到的信息更多。 做父母的听一听自己是怎样给孩子们讲话的，就明白了。 他们跟孩子们讲话的语调、音量和跟成人讲话的语调、音量完全不同。 如果他们把对孩子讲过的话录下音来，认真地听一听自己的声音，就会发现他们是多么不尊重孩子。 所以，与孩子说话首要的是平等看待孩子。

2. 把握与孩子说话的时机

尽管父母非常希望了解孩子，但当机会来临时却又总是不经意地将它放过了。 父母大都有自己的烦恼与事务，孩子开口的时间也许的确不凑巧，如正碰上情绪低沉或忙于处理事情的时刻，没有精力去探究孩子的用意或话外音。 但如果想到要花数倍努力在其他时间去敲开这扇门时，就不该不假思索地回绝这份邀请，而应当接住这个信号，促使谈话能够继续下去，或者给予一些解释，不让孩子感到被忽视。 此外，如果碰上父母自身有烦恼时，可以与孩子交流一下自己的困惑，不仅能够疏散一下自己的情绪，而且也能使孩子感到自己受到父母的重视与尊重，为自己能够给父母帮一些忙而骄傲。

3. 创造与孩子说话的机会

父母应当创造与孩子交流的机会。这种交流可以随时随地地进行，关键是我们应当敏感一些，对孩子的谈话欲望给予充分的注意，尽量满足他们的谈话要求。谈话可以在饭桌上、一起购物时，或共同参加家务劳动时。有时谈话内容未必有什么实质性内容，也可以毫无意义。但这种随时随地的谈话，会给孩子带来很大的宽慰。

4. 做到真正地接受对方

一个 13 岁的女孩子这样讲："我父母常对我说，我这不好、那不对，似乎我做的每一件事都让他们不满意。既然他们认为我这样一无是处，我索性就按他们认为的那样去做，也不会有更坏的评价。"父母所表现出的接受态度，是使孩子发挥他的积极态度和发展潜力的关键。传统的观点认为：如果我们接受孩子的现状，他便会长此以往，不会自我改进；如果要想帮助他成长，父母必须不断告诫他："你这样是不行的，那样也不行。"大部分家长习惯使用否定词汇来培养孩子：不行、不要、不能，使孩子感到自己一无是处。心理学家研究表明：一个人只有在他认为自己被对方完完全全地接受之后，才可能考虑接受对方的建议，对自己的行为做出有益的修正，使自己成为更完善、更有能力的人。因此，建立顺畅交流氛围的一个重要的因素，是对谈话对方的接受，这一点运用到孩子身上，尤其重要。

把与孩子的交流变成游戏

这是一个出自《卡尔·威特的教育》中的一个故事，可能对我们中国的家长有更多的启示。

爸爸给卡尔买了一套积木，卡尔对这个礼物很喜欢，把大量的精力花在了摆弄积木上。

一次，小卡尔花了很大工夫用木块搭了座城堡，其中有房屋、城门、城墙，还有做得非常精致的小桥。

正当他准备叫爸爸来看时，由于十分激动，他的衣角不小心在城堡的主要建筑——一个高高的钟楼上扫了一下。顿时，钟楼倒塌了，砸坏了其他建筑，还毁了他精心搭建的最令他满意的小桥。顷刻间，他的杰作成了一片废墟。

"父亲，它毁掉了，是我不小心给毁了。多可惜！它本来那么棒……"

小卡尔说着都快哭了。

爸爸问清情况后说："儿子，既然是你不小心，就没有理由抱怨，更不该难过。你能做好第一次，就一定能做好第二次。为什么傻坐在那儿？不如重新做一个，或许还会更好呢!"

顿时，小卡尔欢欣鼓舞。

其实，这话说起来容易，做起来难。因为小卡尔搭的是一组复杂建筑群，要他做完第二次，一定要有极大的耐心和毅力。但老卡尔坚信儿子能做到。

不出所料，小卡尔完成了，并邀请爸爸欣赏作品。老卡尔看得非常吃惊，他没有想到，他的儿子会做得那么完美。

"爸爸，我认为这比前面那个做得还要好些，因为我做第二次时对它做了不少修改，并且做得更快了。"小卡尔自豪地对爸爸说。

相比之下，小麦克就没那么幸运了。

5岁的小麦克的小房间一般不太整洁，玩具从盒子里倒出来后，常常不主动收拾好，就去玩别的了。

有一次，爸爸对小麦克说："把你的房间收拾干净再出去。"

小麦克说："我已经收拾好了。"

爸爸走进房间一看，地上已没有玩具了，可还有好几本儿童画报没有收拾好，便对小麦克说："你看你的小人书到处都是，真不像话，别人会笑话你的。"

小麦克像什么也没有听见似的，溜出去玩了。

我们可以说，小卡尔的父亲真正以童真的眼光看世界，读懂了孩子的心，而小麦克的父亲则是一种"成人主义"的说教，交流效果显而易见。

聪明的父母应当努力把与孩子的交流变成游戏，应当做到：一切语言刺激最好都带有孩子喜欢的趣味性；而在一切孩子所喜欢的活动中，都不要忘了进行必要而有效的语言交流。

随着孩子的成长，父母与孩子之间谈话的内容及交流方式，都在发生着变化，从中也可以看到父母与孩子之间心理距离的变化。比如：孩子在襁褓之中，家长不时动情地"自说自话"，心中充满无限怜爱。此时，父母的心态是对孩子无条件地接纳。

到了孩子已能满处乱跑时，大多数家长又要重新回到自己的职场。由于工作、家庭的双重压力，家长就期望孩子能少给自己添些麻烦。在这一阶段，有些家长在与孩子沟通时的态度、语气，会因自己情绪的不同而变化：心情好时与孩子讲话较温和；情绪差时，会因一些小事责备、训斥孩子。此阶段家长与孩子交流时，对孩子的接纳程度已不再是百分之百。

孩子上幼儿园或者上学后，家长更多的是关心他学习成绩的好坏，对他接纳的程度也常以成绩为标准。家长最爱问孩子："有没有听老师的话？""考试多少分？""老师喜不喜欢你？"孩子的学习成绩常是家长态度的晴雨表。家长与孩子的对话，俨然是两个成年人的对话方式。

回顾家长与孩子谈话方式的变化过程，不知您是否悟出了什么？很多父母与孩子沟通不良的个案中，有一个共同的特点，便是孩子自小到大的成长过程中，父母在对他说话时，比较多地从"应该对孩子说什么"角度出发，而很少考虑"怎样说孩子才能接受"，常常忽视了孩子在不同的年龄阶段，知识容量、心理特点、生活经验以及社会背景都在发生着巨大的变化，并且是处在一个日益发展的动态过程中。如果父母对孩子说话的内容和方式，不能与孩子的变化相吻合，结果只能是对父母的话，孩子越来越不听，或者"听不懂"。

孩子在接受教育时是有选择性的，并非所有正确的、应该实施的教育内容都会为他所接受。孩子只接受乐于接受的内容和方式。因此，父母有必要研究怎样同孩子说话。

不少父母都感觉跟孩子讲道理是非常难的一件事：父母说得天花乱坠，孩子却这耳朵进，那耳朵出；一不留神，孩子还逮着个错反驳父母半天。有些父母能与孩子说得眉飞色舞、热火朝天；有些父母却很少与孩子讨论什么，他们与孩子说话，往往说上个三五句，孩子便不耐烦，父母也没词了。

有的父母很是困惑：为什么我们就不能和孩子深入讨论呢？怎样让我们的亲子沟通更有趣呢？在下列几方面好好体悟摸索，相信你能与孩子的心灵越来越近，越说越投机。

1. 在玩游戏的过程中与孩子说话

家庭游戏是使家庭成员达成良好沟通的桥梁。孩子的天性就是喜欢游戏，他们需要在游戏中找到快乐，也需要在游戏中成长，父母们也会在游戏中重新觅回已逝的童心。游戏使家庭成员融为一体，使大家有更多有意思的话题，使沟通更轻松、有趣。家庭游戏和家庭趣味活动可以有多种多样的形式。如：先由一个人在纸上画出一个图形，一个圆，一个三角形，甚至一个墨水点，其他的人在这个形状上加工，画出一幅完整的图画，这个游戏为"怪东西"。"家庭卡拉OK""家庭讲谜语故事""家庭画展""家庭数字扑克牌""集体做饭""绕口令比赛""家庭成语接龙""家庭机智问答"等室内趣味活动，都可以丰富家庭文化，增进家庭成员间的交流。户外游戏的形式，那就更加丰富多彩了。家庭游戏和趣味游戏能自然而然地在家里营造一种轻松欢乐、自由自在的气氛。父母暂时收起了严肃的面孔，和孩子一起欢笑玩闹；孩子也不再感觉父母是威严不可抗拒的铁面家长，而是有意思的玩伴。这样一个欢乐的家庭之中，父母与孩子的关系必然也是亲密的、和谐的。

2. 在想象世界里与孩子说话

有时候，父母不妨忘记现实的日常生活，在孩子周围创造一种童话般的氛围。孩子眼里的世界是浪漫的、多姿多彩的，父母应该珍惜孩子的这份童心，努力与孩子的童心进行诗情画意的交流。例如，过节的时候，父母可以就这个节日，给孩子讲某位神仙会从烟囱里钻出来给孩子们送礼物的故事，而且还可以说只有听话的孩子才会得到他的礼物，那些老在幼儿园里不听话、上课讲话的小孩，神仙老人就不会给他们礼物。然后父母可以将礼物藏在孩子容易发现的地方，这样既让孩子的节日过得很愉快，也让孩子知道应该怎样才能得到这些礼物。这种对于大人看来最容易识破的"欺骗"，在孩子心中却格外"真实"。丹麦儿童文学大师安徒生有一次陪着邻居家的小女孩玩耍，他告诉那个小女孩，小精灵常常在草地的蘑菇下藏着宝贝。小女孩好奇地掀开草地上的小蘑菇察看。呀！在这里她发现了一个小玩具，小女孩惊喜万分。当然这些东西，都是安徒生事先藏在那里的。当时和他们在一起的还有一位牧师。小女孩回家后，牧师生气地说："你这是欺骗！她总有一天会发现这些都是假的，她会感到痛苦的！""不，你不明白的。"安徒生回答，"她当然会发现这些不可能在现实生活中发生。但我为她做的这一切，将使她拥有一颗生机勃勃、充溢着美和神奇的心灵。"

3. 在孩子喜欢的活动中与孩子说话

爱玩、爱做游戏，这是孩子们的天性。游戏的娱乐性和趣味性，能使孩子愉快，兴高采烈。而这种作用对于孩子的生理和心理的健康发展是大有好处的，而且是对孩子进行教育的最好方式。

如：孩子拿着一根棍当马骑，并用小树枝或小布条当作马鞭抽打着，孩子玩得很高兴，可是当他玩够了的时候，他也会扔下木棍跑去玩别的了。这样的游戏反映了什么呢？它反映出孩子把木棍当马骑这一天真的天性。父母对孩子这样游戏往往是听之任之、不加理会，有时说话也只是说："把棍子放到原来的地方，别到处乱扔"，如此而已。其实，这种情况正是父母与孩子进行语言交流的大好时机。比如，妈妈可以提来小桶对孩子说："看，马跑了半天，一定累坏了，让它喝点水吃些草吧。"那么，孩子就会很高兴地接过小桶给马"喝水"，还会自言自语地说："我的小马儿，你喝饱了吗？现在我牵你到马棚里吃草吧……"孩子玩完"骑马"的游戏，再也不会把木棍一扔了事，而是会对"马"关怀备至。这样，既发展了孩子语言和想象的能力，又培养了他良好的品格和习惯，而这一切都是在轻松愉快的玩耍中进行的。父母与孩子在游戏中沟通，既可以收到良好的教育效果，又能拉近亲子间的距离，创造美好的沟通氛围。

交流时用微笑代替严肃

情景一：

林旭今年7岁了，他一直是个很听话的孩子，可是随着年龄的增长，妈妈发现他没有以前那样把自己的话当回事了。

一次，妈妈回家后，林旭迫不及待地把学校里的事情讲给妈妈听，可是妈妈很累，根本就没有心思听他说话，就不耐烦地打断了他，让他去给自己倒杯水。倒水回来，林旭还想把话说完，可是妈妈却用很严肃的语气命令他去写作业，林旭很不情愿地走回自己的房间。吃完晚饭后，妈妈再让林旭把话说完，林旭却不想说了，扭头回到自己的小屋去了。

情景二：

崔鹏5岁了，他正一个人在客厅里玩。爸爸走过来，扫了客厅一眼，发现沙发上、地板上、茶几上都是儿子的玩具。爸爸便严肃地对崔鹏说："快点把你的玩具收拾干净！"崔鹏嘟哝着："我还没有玩够呢，我的小马刚拼到一半，我要再玩一会儿。"

爸爸听了儿子的话，说："你都玩了一个下午了，马上就天黑了，赶快收拾好！"崔鹏没有听爸爸的话，一直认真地拼着小马。妈妈看到爸爸又要发脾气了，急忙走过来，微笑着对儿子说："鹏鹏，你先拼好这匹小马，然后要自己收拾玩具，好吗？"崔鹏听后乖乖地点了点头。爸爸见状，摇摇头走开了。

林旭的妈妈和崔鹏的爸爸在和孩子交流时，都忽略了一个情况：父母板着面孔的严肃表情代表着对孩子的不满甚至厌恶或嫌弃，会给孩子很不好的感觉。

父母若总是板着面孔与孩子说话，孩子就容易站到父母的对立面，不情愿执行父母的要求，甚至与父母形成强烈的对抗关系。这种与孩子说话的方式，绝不是最佳的亲子交流互动模式。父母多一些微笑，对孩子多一些尊重，多一些征求，孩子也会对父母多一些尊重，多一些"服从"。虽然很多时候孩子也明白，父母板起面孔教育自己是为了自己好，但他无法接受父母这种与自己说话的方式。

孩子的世界有孩子的规则，父母若不按照他的意愿来，就容易给孩子带来伤害。父母要尊重孩子鲜明的个性和独立的人格，只有这样，孩子才乐于同父母交流，也乐于接受父母的指引。

"微笑父母"更加受孩子的欢迎，为了孩子的健康成长，也为了家庭关系的和谐，我们都要努力做个"微笑父母"。

在要求孩子做某事却遭到拒绝时，父母要分析其中的原因。很多时候，不是父母说的话不正确，而是父母的态度有问题，如板着面孔教训和命令孩子就会让孩子反感，孩子就容易拒绝听从父母的话。

> 陈贝正在玩电脑游戏，妈妈一看已经九点半了，就板着面孔命令他道："还不快去洗脸睡觉？"陈贝回过头，瞪了妈妈一眼，撇了一下嘴说："我马上就去睡。"妈妈见儿子正在兴头上，也发现了儿子不满的表情。她意识到自己的口气可能不好，于是，就缓和了一下语气，对儿子说："我看你玩得很高兴，要不你再玩十分钟，十分钟后就去睡觉，好吗？"陈贝高兴地点头答应了，十分钟后他主动关上电脑去洗脸了。

父母学会分析孩子拒绝"服从"的原因，就可以找到让孩子乐于"服从"的方法。孩子不是一味地想抗拒命令，只是想多一点尊重和理解。

1. 学会征求孩子的意见

孩子是一个独立的个体，会有自己的想法和意愿。父母懂得征求孩子的意见，就是对他的尊重。

> 刘高3岁了，每次让他吃饭都是个大麻烦。妈妈常常拿着碗追着儿子，但儿子还是不乐意吃。有一天，妈妈

为此生气了，就打了儿子两下。

一个星期后，刘高突然对妈妈说："我要打你，你是坏妈妈。"妈妈大吃一惊，说："妈妈很爱小高啊，你为什么这样说?"儿子说："你有时候打我，你是坏妈妈。我吃不下了，你还要我吃，妈妈坏。"妈妈听后不禁愕然。

孩子不服从"命令"，父母要思索：我下达命令时，征求过孩子的意见吗？孩子的意见是父母的"命令"能否推行的关键。 孩子不服从命令会有自己的原因，父母要尊重孩子的意愿。

2. 用"引导"代替"指导、教导"

父母板着面孔用"指导、教导"的口吻来教育孩子，会引起孩子的反感，孩子往往会拒绝听从父母的话。 孩子有自己的个性及处世原则，父母板着面孔教育孩子对孩子来说并不合适。 父母若执着于"指导、教导"，只会造成两代人彼此之间的误解和隔阂。 孩子有了问题，父母要想给出建议，就要多从平等、尊重的角度引导孩子。

3. 尊重孩子好的"提议"

父母希望孩子遵从自己"号令"的同时，也要允许孩子表达自己的意愿。 如果孩子的"提议"更好，父母要给予鼓励，并认真采纳。

孩子好的"提议"，不应该被看成是"抗议"，孩子的理由也不要被看成是狡辩。 父母在发号施令时，面对孩子的这些"异议"要给予他一份尊重。 这样，不仅有利于孩子遵从父母的指引，也有利于孩子的身心健康。

用温和的态度与孩子交流

　　彬彬是个聪明的孩子，平时也很乖巧。但有一次，她与妈妈到姨妈家去玩时，发生了点不愉快的"小插曲"。到了姨妈家之后，因妈妈很长时间没有见到姨妈了，所以难免与姨妈聊得时间长了点。彬彬刚开始与表弟玩得很好，当快到吃饭的时候，彬彬却吵着妈妈要回家。妈妈正与姨妈聊得起劲，也没有在意彬彬的瞎闹，只随口说了句："去，去！去玩你的！……"

　　没想到彬彬一改往日的乖巧，躺在地上撒起娇来。这让妈妈觉得很没面子，抡起巴掌就在彬彬的脸上留下了"纪念"。这下彬彬就哭得更厉害了，姨妈只好让她们母女"打道回府"，一次好端端的相聚就这样在不和谐的气氛中草草收场了。

　　其实，假如妈妈能与彬彬好好说，或许就会避免出现这样尴尬的局面。 这是妈妈"粗暴"的结果。

　　孩子幼小的心灵很容易受到伤害，采用任何粗暴、武断的方式对待孩子都是不合情理的，只有用温和的方式，才能更好地走进孩子的心灵。 采用温和的态度与孩子进行交流，比较适合孩子的心理要求和特点，有助于父母与孩子之间的思想与感情更好地沟通，从而使孩子信赖父母、尊重父母，欣然地接受父母的教育。

为什么只有温和的态度才能更好地走进孩子的心灵呢？

首先，温和的态度可以减弱甚至消除孩子的逆反心理。有这样一些孩子，他们从小就受到父母过分严厉的斥责，可以说是在训斥声中长大的。 在这些孩子的眼里，父母是不可亲近，而且是令人憎恨的。 由于孩子们有强烈的对立情绪，因此对父母的要求常常一味地拒绝，有时甚至反其道而行之，故意调皮捣蛋与父母对着干。

父母们用温和的态度，心平气和地就事论事，会对孩子产生良好的暗示，孩子会欣然接受父母的教导。 假如父母能长期坚持这样做，孩子自然会消除逆反心理，而且会自觉地按照父母所讲的道理去学习、生活及做人。

其次，温和的态度能够减缓孩子们的心理压力。 大部分孩子都惧怕批评，这是一种潜在的心理负担。 一旦受到了父母的呵斥，这种负担便会转化为"心理压力"，孩子会由于考虑到父母将如何处置自己而变得焦虑不安、精神紧张；同时，由于自我保护的本能，又会促使孩子做出"心理防御"，以至于在父母面前不敢也不愿道出真情。

这种时候，假如父母能用和蔼的态度、温和的语气开导、说服，孩子就会获得心理上的宽慰，紧张的神经会渐渐松弛。等孩子的情绪稳定了，父母的说教也就很容易被接受了。

最后，用温和的态度与孩子进行交流，不仅可以缩短亲子之间的心理距离，同时也可以增进彼此的亲子关系。 反之，那些热衷于保持父母的"威严"，对孩子声色俱厉的训斥，常常会阻碍父母与孩子之间心理的沟通与感情的交流。

假如父母用粗暴的口吻告诫孩子，孩子就会拒绝，因为他们感到对你的让步，就意味着自己的软弱与不自主。往往听到有些父母高声亮嗓地吼孩子："不要吵，不要乱喊乱叫！""父母说话时别插嘴！"在此种情况下，孩子常常也会态度强硬起来，变得蛮不讲理。

实际上，客气地用温和的语调征求孩子的意见，他们会乐意去实现你的愿望。假如你能改换成温和的口吻，表示重视孩子的意见，友好地问："你是怎样想的？"或者说："我想和你商量一下，你说怎么办才好呢？"这时，你就会看到孩子会很认真地考虑、关心你所提出的问题。

当孩子出现某些问题的时候，父母不妨先放下"打骂"或"粗暴"的管教方式，尝试着使用一些温和的态度，或许还真能收到预想之外的良效。

1. 爱意融融，用温情打动孩子

对待孩子的问题，要包含无限的真诚与浓浓的爱心。要知道，只有温情脉脉的建议，孩子才能欣然地接受，从而有效地打开孩子的心灵。

2. "未成曲调先有情"

对待孩子的问题，只有动之以情，才能收到良好的效果。当父母们用温和的阳光去照耀孩子的心的时候，孩子自然就会在愉悦中快乐成长。

3. 针对孩子情况提出建议

有效的建议，都是有的放矢的。 父母对孩子提出建议应从孩子的实际情况出发，做到具有针对性与可行性，唯有如此，才能够收到事半功倍的良好效果。 否则，无效的建议提得太多了，反而会很容易引起孩子的反感。

4. 以体恤与宽容孩子为出发点

孩子的成长过程是一个不断犯错误与学习的过程。 因此，面对孩子的问题，父母不能发脾气或自我失控，而应给予理解，以体恤与宽容孩子作为出发点。 只有这样，才能够做到理智、平静地面对与处理孩子身上的问题。

5. 不要把建议变成命令

父母给孩子提供建议是必要的，但千万不能抱有"孩子必须这样做"的想法，否则，这就不是"建议"了，而变成了"命令"。 孩子是独立的人，他们也有自己的选择权，对于父母的建议，他们有选择的余地，父母应该尊重孩子的意愿，切忌采取压制或胁迫的手段。

与孩子交流的内容要具体

黄灵觉得孩子真让自己操心，几乎每时每刻都得把心思放在他身上才行。

天刚亮，就听见黄灵的声音："今天降温了，别穿昨天那件衣服了，当心感冒。"

孩子才穿戴完毕去洗手间洗漱，黄灵的声音又飘过来："牙膏别乱挤，会浪费的。"

吃早饭的时候黄灵也在不停地念叨："别那么拿筷子，不好看""别那么盛汤，别人会笑你的""别那么拿碗，像讨饭的一样"。

孩子上学之后黄灵会轻松一下，可是从五点多孩子回家开始，黄灵的嘴又要不停地工作。

吃完了饭孩子坐在沙发上看电视，黄灵要告诉他坐相不好看。

孩子看看书，黄灵要告诉他注意看书的姿势，不然以后会近视。

洗脚的时候，黄灵又要告诉他别把脚放水里泡泡就完事，那样可洗不干净。

有时候连丈夫都觉得黄灵唠叨，可是黄灵一瞪眼："我还不想费这个劲呢，可是你看看，孩子都10岁了还一点不懂事，我能不操心吗？"

是的，黄灵的孩子比起同龄人来，显得不够机灵，也没有其他孩子那股活力。他做事总是畏首畏尾的，一副没信心的样子，总有些想避开父母，对黄灵更是"嗯嗯啊啊"说不出几句完整的话。

黄灵真想孩子能像别家孩子一样，主动拉着母亲絮絮叨叨地说学校里的新鲜事，能自己照料自己让父母放心，可是看看孩子的样，什么时候才会有那一天呢？

从黄灵的语言可以看出，她总是在否定孩子的行为，这种不断来自至亲的否定首先摧毁的就是孩子的自信，所以孩子缺乏因为自信而焕发出的活力。

黄灵在否定孩子的同时，并没有给出应该怎么做的具体指示。对孩子来说，他只知道自己这样做是错，那样做也是错，却不知道自己究竟应该怎样做才是对。不断地尝试却又遭到不断地打击，他养成了始终都在怀疑自己的习惯。怀疑自己所做的事情是不是符合黄灵的要求，所以做事的时候就会畏首畏尾，害怕自己做错，害怕自己再一次遭受打击。

由于没有得到过肯定，也不知道怎样做才能得到肯定。所以孩子只能采取少做少错、避开黄灵这样的方法来减少打击，其直接后果就是减少了和母亲的交流。从长远来看，在这种茫然、担心、自我怀疑、逃避交流情绪下长大的孩子，无论是在交流能力、生活能力和自信品格上，都远远逊色于同龄人。连平均分都拿不到，又谈何出色呢？

在现实生活中，很多父母和孩子说话时，往往只讲空洞的道理，结果道理没少讲，孩子听进去并转化为实际行动的却少之又少。比如，有的父母说"孩子，你的表现真好"，孩子会纳闷，不知道自己好在什么地方。因此，父母这样的话是不会收到实际效果的。

心理学家海伦曾说过："具体到某件事情上，用语越具体，其有效性就越大。"因为越具体，说明父母对孩子越关心和了解。父母说得太空乏，没有实际内容，孩子就会觉得父母只是随口一说，并非自己做得很好或是犯的错误没有那么严重。

孩子的抽象思维能力有限，很难将父母提到的抽象事物转化为自己的内在感知。这就需要父母与孩子说话时，尽量选择最近发生的事情，最好是在事后就和孩子讲清道理。这样孩子不仅会印象深刻，教育效果也会更加理想。

1. 对孩子的批评要具体

当孩子做错事的时候，父母都会批评孩子，但如果不懂得批评的技巧，不和孩子讲清到底什么地方做得不对，孩子改错的意识就会很淡薄，对于怎样改正错误也没有明确的概念。

妍妍回家后，妈妈就开始劈头盖脸地批评她："你怎么可以这样？你这样做妈妈多伤心，和你爸爸离婚后，妈妈就辛辛苦苦地拉扯你，可是你看看你自己是怎么做的？"

妈妈的话让妍妍很纳闷，她不知道自己因为什么事情让妈妈如此生气。

她开口问妈妈，可是妈妈却又说道："你还好意思问我啊？"妍妍委屈地哭了，她实在不知道自己到底做错了什么，所以，那段时间她感到特别压抑。

后来妍妍才知道，妈妈是因为看见她和一个男同学放学一起回家，以为她早恋了，才如此气愤。

父母在批评孩子的时候，要尽量控制自己的不良情绪，具体客观地为孩子指出他犯错的地方以及原因，给予孩子科学、恰当的指导，这样才会达到教育孩子的目的。

2. 对孩子的表扬要具体

父母对孩子的表扬和赞美，不仅要及时，还要具体，要注意强调孩子做得令人满意的具体行为，表扬越具体，孩子就会清楚地知道，哪里是需要自己继续努力的地方。

袁乐是个很调皮的孩子，经常把家里弄得乱七八糟，有时候，妈妈刚收拾好屋子，她就又给弄乱了，让妈妈很生气。但是打也打了，骂也骂了，袁乐还是和之前一样不听话。

妈妈特意跑到书店去买了一些关于教子的书，从书里学到了"赏识教育"的方法，妈妈在生活中也试着去做。比如，妈妈发现女儿将门口的鞋子捡起来放进鞋柜，就说："妈妈要谢谢你把鞋子捡起来了。"女儿将头梳好了，妈妈会说："孩子，你今天的头发梳得真漂亮。"

在妈妈的具体赞美中，袁乐似乎也感觉到了妈妈对自己的关爱，从而扬长避短，成了人见人爱的懂事孩子。

在父母的表扬里，孩子也可以认识到自己什么地方做得不足，进而努力改正自己的不足并纠正自己错误的行为，从而实现全面发展。

3. 利用具体情境和孩子说话

仅仅依靠空泛的语言说教对孩子是不起作用的，父母要学会利用具体的情境与孩子说话，因为在具体的情境中，教育才更有针对性，孩子也才能印象更深刻，记得更牢。

> 周日，妈妈带赵飞去公园玩，当时天气炎热，很多人都在吃雪糕，垃圾桶的旁边已经堆了很多雪糕包装袋，赵飞的雪糕袋子也没有扔进去，而是丢在了旁边的地上。
> 一位清洁工正费劲地捡着地上的袋子，妈妈觉得这是教育儿子的好机会，就对他说起了清洁工作的不容易，还教育他做个尊重他人的人。赵飞听了，觉得妈妈说得很有道理，就过去帮助清理垃圾，不但将自己的袋子捡了起来，还将其他人扔的都捡了起来，妈妈看到后很高兴。

父母应该学会利用各种情境对孩子进行教育，比如，在餐桌上，可以教孩子基本的进餐礼仪；在公交车上，教孩子主动为老人让座；在公共场合，教孩子要爱护公共卫生，自觉地将垃圾扔进垃圾桶里；在公园，教孩子保护树木，禁止乱折花草等。

此外，父母还可以创设具体的情境对孩子进行教育。例如，假设有人的东西丢了，找不到了，心里很着急，父母可借此引导孩子不要随便拿别人的东西，捡到东西要主动归还。

父母只有及时、具体地教育和引导孩子，才能达到理想的教育效果。

◇ 说的艺术 ◇

今天周末，又到咱们家的闲聊时间了。小华，你来说说，咱们刚才看的电影怎么样？

这个电影挺好的，虽然演员不是特别有名气，但演得非常真实。

要想打开与孩子交流的大门，营造顺畅交流的氛围，最重要的是要使交流显得坦诚和有效。父母应该让孩子知道，他们投入了全部的爱心和真诚来与他交流。

父母若总是板着面孔与孩子说话，孩子就容易站到父母的对立面，不情愿执行父母的要求，甚至与父母形成强烈的对抗关系。这种与孩子说话的方式，绝不是最佳的亲子交流互动模式。

要吃饭了，别玩儿了！快点把玩具收拾干净。

你怎么可以这样！你太让我伤心了，老是做错事情。

妈妈，你把我搞糊涂了，我到底做错什么了？

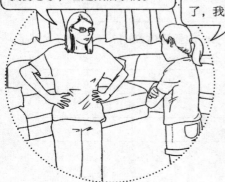

当孩子做错事的时候，父母都会批评孩子，但如果不懂得批评的技巧，不和孩子讲清到底什么地方做得不对，孩子改错的意识就会很淡薄，对于怎样改正错误也没有明确的概念。

高情商家教思维

1. 怎样营造一个适合与孩子交流的氛围？

_____

_____

_____

2. 有哪些话语是不可以在与孩子交流中使用的？ 举出几
句容易让你孩子厌倦的话语。

_____

_____

_____

3. 如何把握好和孩子说话的时机？

_____

_____

_____

4. 总结一些孩子容易接受的说话方式。

_____

_____

_____

5. 为什么说批评和表扬孩子一定要具体及时？

_____

_____

_____

_____

第五章

批评的技巧：正确对待孩子的错误

冷静批评，收起自己的愤怒

　　小飞今年念初三了，正处于青春叛逆期，情绪时时变化，有时觉得学习重要，很想学，有时又不想老老实实待在教室里，对什么都不上心，对父母的态度也时好时坏。父母因此很着急，开始密切地注视小飞的一举一动，见到什么有差错的地方，就轻则训斥、重则打骂，生怕小飞走到弯路上去。小飞因此更加怨恨父母，不愿与父母说话，尽可能地避免与父母碰面。家里的关系变得很紧张。

　　对于孩子成长的热切希望，常常使家长对孩子的态度过于偏激。这种表现会给孩子们一种冰冷的感觉，在父母发火的这一瞬间觉得父母充满了敌意，而无丝毫爱的温暖。孩子的这种感觉将他们推向抵制的边缘，所考虑的是如何抵御。矛盾激化，对教育孩子十分不利，同时也会影响父母与子女间的感情。

　　父母如果对孩子经常性地打骂，不能很好地收起自己的愤怒，会使孩子在人格和心理方面均受到不良侵害，精神麻木、自尊心受损、自暴自弃，有些人离家出走，以逃避打骂。不仅如此，一些青少年同时还对父母滋生出仇恨心理和报复情绪，或公开对抗，或暗中使坏，或迁怒他人去欺负更加弱小者，从而使抑郁的仇恨得以发泄，甚至会成为当面唯唯诺诺，背后无法无天的两面派。这是怎样的一场悲剧呢？

很显然，小飞父母的处理方式极为不当。作为父母，应该理智、成熟地收起自己激动的情绪，不要让自己的愤怒使事情更加难以解决。同样的，如果父母能够很好地处理孩子犯的错，并能够使孩子信服，那么孩子也是能够意识到自己的差错的。当然，孩子毕竟还小，需要做家长的耐心地教导。家庭教育中最不可缺的就是耐心。

那么，父母在要求孩子时应采取怎样的态度呢？

1. 心平气和地与孩子探讨问题

父母不要总是板着面孔教训孩子"应该怎么样"，即便是建设性的批评，如果提出的时机不对，也会伤害孩子的自尊心。最好避免当场说出改进意见，可以在事情过后心平气和地和孩子一同探讨解决办法。

2. 要注意说话的语气和方式

父母的目光应当是充满爱心与信任，说话应当用商量的口气，尽量不用居高临下的命令式，并尽可能地尊重孩子的意愿。孩子的事要与孩子商量，商量确定的事，让孩子自己去完成，并给以充分信任。

3. 勇于向孩子认错，做一个民主的家长

是人，就有急躁、激动、愤怒、情绪不稳定的时候。当孩子确实犯了较大的错误，家长会出现因为控制不住自己而骂孩子、打孩子的情况。但是，时过境迁，家长一般也很后悔。这时，向孩子承认自己的错误是最好的办法。

4. 激发孩子的上进心

孩子有缺点，如果父母能够激发孩子的上进心，使他振作起来，不仅可以改掉孩子的缺点，还可以提高他的自信心，去争取更好的成绩，做一个人格比较完善的人。

5. 切忌嘲笑孩子，应给孩子更多的关爱

孩子的心灵是脆弱的，是最需要呵护和关爱的。嘲笑只会刺伤孩子的心灵，只有在爱中孩子才会改正缺点和不足。

仅是收起了自己的愤怒还不够，做家长的还应注意：应该鼓励孩子勇于克服缺点。当孩子有了某种程度的进步，便及时表扬孩子，并善于发现孩子的长处，通过表扬孩子的长处，从而抑制孩子的缺点。

避免重复老套的说教

　　上小学五年级的松松，在课间休息的时候总是不安分，一会儿拍拍这个同学的脑袋，一会儿推一下正在做游戏的同学，一会儿又拿走同学正在玩的沙包……总之，不断有同学来找老师告松松的状。老师对松松进行了批评教育，可是没有用，所以只好有请松松妈妈了。老师对松松妈妈说，松松一直就有这样的行为，不过以前不像现在这样频繁，所以就没请家长。松松的妈妈有些难堪，她已经连续三天被松松的班主任"请"到学校去挨批评了。儿子的表现让自己如此丢脸，松松妈妈心里那个气呀，甭提有多大了。

　　一回到家，她就质问松松："儿子，你说，你知不知道老师向妈妈告状了，说你总是搞破坏，招惹同学？"

　　"我知道了。"松松低下头，嘴里低声道。

　　"我跟你说，你给我记住了，以后不许再这样，听见没？"妈妈吼道。

　　"哦，听见了。"松松应了一声，脸上一副委屈的样子。

"你还委屈了，我可把丑话说在前头，妈妈要是再知道你这样，看我怎么收拾你!"

松松收敛了几天，又依然如故。上面的对话只是换几个词地继续重复着，松松妈妈真的不知该怎么办了。

不知道有没有细心的读者发现上述例子的问题到底在哪里？ 想一想。

问题就在于"上面的对话只是换几个词地继续重复着"，老套的说教在松松身上根本没有起任何作用。 也许最初，松松曾因为老师和妈妈的批评有所感觉，所以收敛了几天。 然而以后，这种老套的说教，"你怎么怎么样"，"你不应该怎样"，对松松已如耳边风了。

教育孩子的方式有很多种，老套的说教是最没有效果的了。 找出原因，解决问题才是事情的关键，一味地发火根本解决不了什么问题。 上述例子中，妈妈和老师自始至终都没

有问过松松一声"你为什么要这么做"。 在这个案例中，据咨询师后来的了解，松松有中度的弱视和斜视，这使得他的动作行为不如一般的孩子灵活、准确。 松松因此不太受同学们的欢迎，大家做游戏时都不愿意要他，松松在哪一边，哪一边就极有可能会输，这样就没有人邀请松松一块玩儿了。 可是松松看见同学们玩得那么开心，他真的好羡慕，好想和大家一起玩，但他不知该怎么表达这种愿望，就采取了搞破坏的方式，包括去拍别人的脑袋。 他不明白，自己的这种"友好"为什么不被别人接受，为什么同学们更加不爱和他玩了，而且还被老师和妈妈责骂。 松松真的觉得很委屈。 当松松妈妈在咨询师的帮助下听到儿子的心声时，妈妈心痛地哭了，她后悔自己的粗暴，心疼儿子的孤独，责怪自己的疏忽。

　　我们的家长和教师遇到孩子犯错误的时候，往往是直接提出批评，要求孩子改正，却几乎没有考虑过探究一下孩子出现问题行为的原因是什么。 咨询师建议松松妈妈做了两件事，一件事是主动找松松的班主任谈话，请求班主任帮助松松回到同学们中间去。 另一件事是教松松如何与人交往、沟通，告诉他采用拍、推等方式是没有用的，应当直接用语言表达自己的愿望才对。 果然，松松在全班同学的热情接纳和关心下，再也没有搞过破坏活动了。

　　作为家长的，应首先认识到，每个人都有一定的缺点，都会犯错，孩子就更不用说了。 当孩子出现缺点，做了错事时，应避免老套的说教。 那么，究竟应该怎么做呢？

1. 尊重孩子的人格

孩子远比我们所想象的"复杂",他们的某些直觉和心理感受的细腻敏锐,简直值得我们成人敬畏。 因此,父母只有用友爱的、平等的方法对待他们,才能培养他们的自尊心和责任感。 大声责备、老套的说教很难被孩子接受。

2. 让孩子知道自己为什么受批评

孩子毕竟是孩子,年龄小,经验少,知识也不多,能力很有限,因此常常会惹出某些事端来,父母应该实事求是地对他们进行评价,千万不要夸大事实,要帮助孩子分析产生错误的原因,引导他们进行自我反省。

3. 告诉孩子正确的做法

批评本身只是一种教育手段,而不是目的,教育的目的是为了孩子今后不再犯同样的错误。 因此,父母在批评孩子的同时更应该耐心地教给孩子做事的方法。 最好的方法是暗示、开导,让孩子自己去思考判断,通过自己的努力加以改进。

批评孩子，要顾及孩子的尊严

　　一天，老王的同学老李到家里玩，两人一边聊天，一边一根接着一根地抽烟。话匣子打开，什么话都说，好不惬意。聊着聊着，话题就转到下一代的教育上。

　　老李说他的聪明女儿，老王说自己淘气的儿子。老王指着刚刚放学回家正在放书包的儿子说："这家伙！整个一游戏机迷，一天到晚就惦记着这事儿。上个月在学校玩游戏'堆积木'，被老师逮着了，还被罚站。"儿子瞅了老王一眼，嘴里嘟囔了一句。老李一见，大笑：

"哟，小家伙有意见了。"老王的儿子还是忍不住冲着他嚷道："我现在根本就没玩过游戏！"老王说："我也没说你现在还玩啊。我是说上个月！"儿子根本不听，理直气壮地说："早都过去了，还讲？你不是把我的游戏机都砸了么！"老王拍拍儿子的头说："这小子，还耿耿于怀。我是提醒你，不能玩物丧志，现在不努力，以后考不上重点中学，升好大学就没指望！"儿子瞪着老王，一副针锋相对的架势："你不是要戒烟吗？你都戒烟5次了，怎么现在还在抽？"老王气不打一处来，站起来骂道："混账！"老李赶紧劝住。儿子"砰"的一声关上他卧室的门。老王苦笑一下说："现在的孩子啊。"

不给孩子留面子是中国父母的通病，老王犯的就是这样的错误。

我们发现，有些父母在别人面前，特别是在孩子的同伴面前，经常毫不留情地数落孩子，揭孩子的短，让孩子感到无地自容。

在北京市青少年心理咨询中心，一位母亲带着她上初二的儿子来到心理咨询中心，她当着孩子的面开始数落他的不是：站没站相，坐没坐相，学习没兴趣……讲着讲着，孩子皱起了眉头，但妈妈毫不在乎儿子的情绪变化，继续讲，孩子撅起了嘴，她还在继续讲。孩子明显地表示不满意了，不回答任何问题，母亲仍不肯住口。最后，孩子气呼呼地站起来，面对墙壁，呜呜地哭出声来。

父母应该明白，孩子也有面子，也有自尊。

提起这话题，大人不免觉得可笑，"小孩子讲什么面子，他们懂什么"。 其实，大人们做事常会顾脸面，小孩子也如此，如果自己的尊严遭受伤害，其"耻辱感"不比大人轻。

是人就有尊严，孩子的尊严是与生俱来的。 因此给孩子以尊重，保护孩子的尊严是我们每一个人都应该做到的。 在现实生活中，很多的父母却忽视了这一点。

比如，有的父母当着孩子的面在别人的面前议论孩子的是与非，使孩子当场下不来台，让孩子感到难堪；有的父母把孩子不愿意让外人知道的事说出来，更有的父母把孩子的一点过错无限扩大地告诉别人，这些都是错误的。 特别是孩子的学习成绩下降时，父母不要用讥笑的口气对孩子说话，而是要告诉他们，学习成绩下降是暂时的，不要泄气。 可是有的父母不是这样，孩子考试分数一旦下降就非打即骂，让孩子在不安中感到深深的羞辱。 孩子在这种羞辱中没有了学习的信心，感到自己在同学的面前抬不起头来。

父母在批评孩子时，应注意以下几点：

1. 不要在公开场合责备孩子

给孩子留面子，并不是对孩子错误的迁就，而是一种有策略的方式。

2. 不要当着亲戚朋友的面批评孩子

父母和别人聊天时，不妨对他们说："我的孩子最近进步可大了！"孩子听到后，其开心更胜过直接地被称赞，于是便会加倍努力了。

掌握正确的批评方法

廖静的儿子很可爱，见人自来熟，嘴巴像抹了蜜，谁都喜欢。

可是这样的脾气让儿子和文静、听话这类词绝缘，课堂上讲话、跟老师顶嘴、对同学恶作剧这种事情倒是少不了他一份。

这天家长会，班主任正跟廖静谈话，教室里就传来喧闹声。原来廖静的儿子就这一小会儿工夫就闯出祸来：他把黑板上写着的"欢迎家长"的字和装饰画擦掉，画上了坦克大炮，南北对垒热火朝天地开战，最后战事已经从黑板上蔓延到同学中，粉笔头、黑板擦也成了武器。

班主任大怒，把肇事的几个学生拉到一边教育，几个顽皮孩子耷拉着头听训，只有廖静的儿子依旧昂首挺胸、神气活现，一脸的不在乎。

"回去好好教教这孩子，实在是太顽皮了。"最后，班主任对廖静说，廖静点头称是。

　　廖静回家后对丈夫讲了今天家长会后发生的事情，丈夫想要好好教训儿子一顿，廖静却拦住了他。廖静认为孩子正是敏感的年纪，随便批评会伤害他的自尊心，也就是活泼好动了一点，何必那么小题大做呢？最后丈夫只好作罢。

　　儿子看着阴云退去，高兴地倚着廖静说这说那，哄得廖静又是开心又是得意：除了顽皮点，我儿子不是挺可爱的吗？什么慈母多败儿，那一套可不适合我家。

　　从现阶段来看，廖静的儿子除了有些顽皮没什么出格的，母子之间的亲昵也让人羡慕，但这绝不表明廖静的做法就是正确的。

　　表面上廖静不责罚儿子是为了保护儿子的自尊心，但实际上这是潜意识中的一种不自信，认为自己一旦做出改变，自己和孩子之间的亲密关系就会被打破，所以她一直逃避对孩子进行正面教育来维持现状，以避免母子间关系天平的平衡被打破。这是一种病态的关系，在这种关系下，廖静事实上处于讨好的弱势地位，母亲的引导教育责任空缺。

除此之外，在她的溺爱和保护下，孩子得不到正确的引导，恶习可能逐步加深，后果堪忧。

实际上廖静大可不必这样担心，恶毒的语句和过分严厉的批评固然会伤害孩子的自尊心，将亲昵的母子关系变得冷漠敌对，但是只要掌握了正确的批评方式，孩子一样能够接受父母的意见而不会受到负面影响。批评孩子时，可以参考下面的做法：

1. 正确的时间

孩子犯错之后要及时批评，趁热打铁才有好效果。如果过了很久才旧事重提，孩子已经忘记了当时愧疚的情绪，容易产生逆反心理，认为大人是在故意找碴。

2. 正确的地点

表扬孩子要当众，批评则要私底下进行。一是维护了孩子的面子，二是不至于让孩子为了维护面子而对承认错误有抗拒心理，降低沟通效果。

3. 正确的对象

错就是错，对就是对，要用统一的标准对待每个人，即使自己无权批评其他犯错者，也要在孩子面前表明自己的态度，以免孩子认为大人欺软怕硬或自己是倒霉的一个，造成侥幸心理。

4. 正确的语气

嬉皮笑脸会降低批评的效果，但不等于横眉怒目、大声叫骂就是好的方法，恶声恶气最容易刺伤孩子的自尊心，和蔼可亲一如平常交谈才是最正确的批评语气。

5. 正确的表达

不要一味否定孩子的做法，武断的判定无法使孩子心服口服，也难以让他们明白自己错在何处而失去改正的机会，注意把批评的重点放在错在哪里的说明，而不是一味重复告诉孩子他做错了。

6. 正确的处理

惩罚要适当，且以引导为主，而不是进行无意义的惩罚。如果不给出弥补的方法，孩子则可能感到茫然、内疚，加剧自我压力。惩罚过重则容易激起孩子的逆反心理，甚至引起孩子对家长的仇视。

批评前，先听听孩子的理由

　　小明有段时间上学总迟到，老师因此找小明的母亲谈话。母亲知道后，并没有打骂小明，而是在临睡觉前，问儿子："告诉我，为什么你那么早出去，上学却总迟到呢？"小明先是愣了愣，见母亲没有责怪的意思，就说："我在河边看日出，太美了！看着看着，就忘了时间。"母亲听后笑了。

　　第二天一早，母亲与儿子一起去河边看日出。面对眼前的景色，她感慨万分："真是太美了，儿子，你真棒！"这一天，儿子没有迟到。放学回家，儿子发现书桌上放着一块精致的手表，下面压着一张纸条："因为日出太美了，因此，我们更要珍惜时间与学习的机会，你说是吗？爱你的妈妈！"从此以后，这个孩子再也没有迟到过。

　　看完这个故事后，我们不禁被那位深深懂得爱的母亲所感动。她没有粗暴地责问，没有无情地惩罚，而是选择了倾听。倾听之中，融入了对孩子的赏识、宽容、耐心与激励，给孩子创造了幸福、温馨的成长环境。

试想一下，假如这位母亲听了老师的话后，不问青红皂白就将孩子打骂一顿，结果会是什么样呢？可能孩子那颗热爱生活，善于发现美、欣赏美的纯洁心灵就从此消失了。

　　假如父母不管孩子是否做错了事，不去问清事情的真相，就把责任全部推到孩子的身上，一味地批评与处罚孩子，这样只会让孩子对父母产生不信任感，甚至产生逆反心理，导致父母不让做什么，孩子偏要去做什么。

　　由此可知，父母不要一看到孩子做了不顺自己心意的事，就劈头盖脸地斥责孩子。　不论何时、何事，一定要先听孩子说说他的理由，让孩子把事情的经过说清楚，然后再下结论也不迟。

　　当孩子出现了一些不正常的行为时，作为父母，我们能否给他诉说的机会，听听孩子的理由呢？

　　在现实生活中，往往会有这样的情况发生：当孩子犯了一个小错时，父母单凭自己了解的一点情况就对孩子的行为做出评价与责备，当孩子申辩的时候，父母就会气上加气，心想："你犯了错还想狡辩？"于是便对孩子大喊一声："住口！"你能想象孩子这个时候该有多么委屈吗？即使事后你为冤枉了孩子而向他道歉，对他的伤害也仍然是无法弥补的。

　　常常被喝令"你不用解释"的孩子，渐渐放弃了诉说自己理由的权利。　他们背负着种种委屈，一个人默默承受，这样的负担往往会造成严重的心理问题。

　　为何不听听孩子的心声呢？

　　当父母认为孩子做错了事时，首先要听孩子说说他的理由。　你可以说："好吧，和妈妈说说当时的情况。"当孩子对一件你曾经认为错误的事说出合情合理的理由时，你应该说："原来你有自己的想法，妈妈能理解！"

聪明的妈妈应该责罚有度

　　一个 5 岁的男孩被父母送入全托幼儿园，虽然他在园内活泼、好动、合群，但因他十分想家，在入园后不久的某天早晨，趁教师不备，他溜出大门回家。在自家门口，他高兴地呼喊正要上班的妈妈，却被母亲一顿数落；随即父亲从单位赶回家，又把他狠揍一顿。当时，他似乎还是无所谓的样子，不一会儿，因玩弄桌上的酒杯，后脑袋遭母亲重打一巴掌，他即刻躲闪到门角边，许久不能动弹。之后，便哈哈大笑，胡乱大叫"坦克车来压死我了，把我的骨头压碎了"，等等。次日，他发呆乃至哭笑无常。数日后，他莫名其妙地大声叫喊"老虎来了，快走"，然后躲进了衣橱，父母悔恨交加，失声痛哭。

　　这是一个因父母无心之失而造成的悲剧，可见，对孩子的教育惩罚一定要把握好尺度。

　　在现实生活中，父母给孩子们的鼓励、支持和谆谆教导实在太少，而责骂、嘲讽和惩罚的次数却往往很多。 有的父母奉行"孩子不打不成器"或者"棒下出孝子"的信条，使一些孩子几乎是在指责和谩骂声中成长；有的孩子还不时地忍受着父母施予他们的罚站、罚跪或者殴打等体罚。

诚然，大人惩罚孩子的目的是为了帮助他们认识自己不当的或者是错误的言行，促使他们立即改正；可是惩罚是压力教育，对孩子来说，其结果往往是压而不服，更何况年幼孩子的心灵是非常柔弱的，惩罚只会使他们产生惧怕，产生叛逆心理。所以，惩罚不但不能唤起孩子的良知，而且还会侮辱孩子的人格，也严重地影响着孩子的身心健康。

对于少年儿童，父母如果能够留意他们的长处和闪光点，经常给予适当的鼓励和赞许，则可以激发他们的自信心。当他们的行为改善了，父母自然也会更加喜欢他们。这样，一个奇妙的良性循环圈就会开始运转起来。

采取各种惩罚办法，只是教育孩子的手段之一。平时尽量少用惩罚，仍以说服教育为主。奖励和惩罚是两种相对的教育孩子的方法。惩罚的效率不仅很低，而且惩罚的结果往往只能使孩子的心灵变得粗野、迟钝，甚至出现心理障碍；它破坏了成年人与孩子之间的精神联系，父母的教育也宣告失败。所以说，惩罚总是弊大于利，甚至有百弊而无一利。惩罚会影响孩子的身心健康。为了孩子的身心健康，请家长们

更多地了解自己的孩子，对他们要"嘴下留情，手下留情"，尽量从正面施以积极教育。

给父母们一点建议：

1. 父母要保持清醒的头脑和坚定不移的态度

罚要罚到点子上，不要让孩子觉得无关痛痒。 既然采取了这种方法，就要坚持到底，不能半途而废，否则会让孩子认为父母好对付，从而降低父母在孩子心中的威信。

2. 惩罚不要过于频繁

如果动不动就惩罚孩子，会使孩子习以为常，惩罚的作用也就丧失了。 尤其是这种方式用得多了，会伤害孩子的自尊心。 经常处于自责、压抑状态的孩子，还容易形成冷漠、孤僻的性格。

3. 惩罚孩子要有目的

小孩子往往对危害认识不清，父母要通过分析教育告诉孩子对别人造成了什么样的伤害，同时又对自己的形象造成了什么样的影响。 其次，让孩子从内心中感到自责和羞愧，使孩子自省、自悟。

◇ 批评的技巧 ◇

> 我认为这个分数不能体现你的真实水平，我相信你一定会吸取教训的。

> 放心吧，妈妈，期末考试我一定会考好。

孩子有缺点，如果父母能够激发孩子的上进心，使他振作起来，不仅可以改掉孩子的缺点，还可以提高他的自信心，去争取更好的成绩。

> 你家孩子真听话，不像我家这个，整天就知道玩游戏！

> 这学期我根本就没玩过游戏。

> 今天早上你怎么迟到了。能告诉我原因吗？

> 妈妈，原因是……

父母和别人聊天时，不妨对他们说："我的孩子最近进步可大了！"孩子听到后，其开心胜过直接被称赞，于是便会加倍努力了。

当父母认为孩子做错了事时，首先要听孩子说说他的理由。你可以说："好吧，和妈妈说说当时的情况。"

高情商家教思维

1. 为什么孩子不喜欢说教？ 你有说教的习惯吗？

_____

_____

_____

2. 当你批评孩子时，孩子能接受吗？ 效果如何？

_____

_____

_____

3. 为什么批评孩子时要顾及孩子的尊严？

_____

_____

_____

4. 批评孩子前，有没有听过孩子对错误的辩解和理由？

_____

_____

_____

5. 总结一下自己批评孩子时需要提高的地方。

_____

_____

_____

第六章

调适心理，妥善解决孩子的心理问题

帮助孩子战胜嫉妒心

　　黄蕾和小奇原本是一对很好的朋友，两个人从小就在一个幼儿园，两家住得也很近，现在上一年级又在同一个班，整天形影不离，晚上放学回来一起做作业，有喜欢的玩具也一同分享。

　　但最近黄蕾的妈妈发现，女儿对小奇好像有些反感，平时放学也不和小奇一同回家，写作业也一个人在家写，不去找小奇，小奇过来玩，黄蕾也是不理不睬的，妈妈觉得很奇怪。

　　这天放学后，黄蕾又是自己一个人回来的，然后就不声不响地回到自己的房间写作业。过了一会儿，电话响了，妈妈接起来后，是小奇打来找黄蕾过去写作业的。

　　"蕾蕾，小奇打给你的电话。"妈妈喊黄蕾出来接电话。

　　"不接，就说我没在家。"黄蕾闷闷地说。

　　"怎么了，蕾蕾?"妈妈握着电话不知道该怎么说。

　　"说了不接，真是的。"

　　"对不起呀小奇，蕾蕾今天不去了。"妈妈只好这样告诉小奇。

放下电话后，妈妈走进了黄蕾的房间，黄蕾坐在椅子上，手里玩着铅笔一声不吭。

"为什么不理小奇了，是生气了吗?"妈妈和蔼地问女儿。

"没有呀。"黄蕾不想和妈妈说。妈妈见蕾蕾不太愿意说，也没有勉强她。

晚上吃饭的时候，一家人边吃饭边看电视，这时候，一个频道里的电视主持人正在为第一批戴上红领巾的小学生举行庆贺活动。忽然，黄蕾一撇嘴，一脸的不服气："这有什么了不起的。"说完，站起来伸手就拿起遥控器换台。

黄蕾的妈妈忽然明白了，原来小奇是她们班里第一批戴上红领巾的学生，而黄蕾却与此无缘，于是黄蕾因为小奇比自己早戴上红领巾而嫉妒小奇，不愿与小奇交往。

黄蕾虽然疏远了小奇，但还是密切关注着小奇的一举一动，唯恐小奇在某方面超过自己，怪不得前几天黄蕾回来说小奇迟到被老师批评了，她还因此而高兴了一整晚呢。

生活中因嫉妒而发生的事比比皆是，黄蕾的例子就是其中之一。

嫉妒俗称"红眼病"，是恐惧或担心他人优于自己的心理状态，是在他人某些方面比自己占优势之后，试图削弱或排挤对方的一种带有攻击性的消极个性品质。表现为不承认别人的成绩和进步、贬低甚至诽谤他人。嫉妒主要由于缺乏自信和心胸狭隘所致。中小学生的嫉妒心理不仅有碍人际关系的和谐，破坏同学的友谊，而且也是个人身心健康的大敌。

希腊的一位心理学家曾说："嫉妒是一种十分自然的反应，每个孩子都会有嫉妒。孩子的嫉妒心从很小的时候就会有反应，引起孩子嫉妒的原因极多。在许多情况下，这种嫉妒会达到折磨人的程度。"

当然，嫉妒的范围也是很广的，包括嫉妒人、嫉妒事、嫉妒物。手段也多种多样，有的挖空心思采用流言蜚语进行恶意中伤，有的付诸行动采取卑劣的手段。

事实上，嫉妒心本身就是一种自私的表现，它会使人在处理问题时完全以自己为中心、情绪化、反应强烈、自控力差、缺乏理性，使人很难对事情的利弊做出恰当的判断。

嫉妒对个人、集体和社会均起着耗损作用，是一种对团结友爱非常不利的情感。这种缺点如果保留到长大以后，那么孩子就很难协调与他人的关系，很难在生活中心情舒畅。所以对于家长而言，要注意纠正孩子的嫉妒心理。

嫉妒是一种低级趣味，是心灵的蛀虫。要想成为一个心地正直、品格高尚、受人欢迎的人，要真正发挥自己的创造才干，那就要跟嫉妒心理告别。

孩子出现了嫉妒心理和行为，父母该如何对待？ 专家给了如下建议：

1. 帮助孩子提高自我认知能力（治标）

帮助孩子提高自我认知水平，发展孩子的内省智能，是克服嫉妒心理的基本途径之一。 有些家长一旦发现孩子嫉妒心强，就很生气，故意在他面前说："某某比你强多了，你应该向他学习。"这样做只会加深孩子的嫉妒心，使他对别人又怀有敌意。 正确的做法是，家长首先应该跟孩子讲清每个人都有长处和不足。 如果家长平时能做到这一点，就等于是在给孩子的嫉妒心理打预防针。 随着孩子认知能力的发展，他会知道每个人的能力都是有限的，他不可能什么都比别人强。

为人父母者也可以先拿自己做例子，然后再帮助孩子冷静、客观、正确地认识自己，分析事情的原委，让孩子倾诉他的内心情感，把嫉妒之火发泄出来，使嫉妒在轻松、愉快的气氛中降温，以至渐渐隐退。 这种方式孩子就比较容易接受，嫉妒心的克服也比较有效。 孩子如果能学会经常这样去想问题，嫉妒心理就会慢慢消失，而且能够客观地评价自我、评价别人。

2. 培养孩子的移情能力（治本）

自我认知能力较强的孩子，也比较容易培养移情能力。简单地讲，移情就是能设身处地为别人着想，也就是人们常说的换位思考。 换位思考是孩子心理成熟的重要标志，心理成熟的孩子才会自我排解嫉妒心理。

3. 让孩子多参加竞赛型游戏

家长可以鼓励孩子多参加一些竞赛游戏，比如飞行棋、国际象棋等棋类游戏。针对处在嫉妒心态中的孩子，游戏的功能就在于，能让孩子多一些体验成功与失败交织的矛盾感受，多经历一些这样的心理上的矛盾冲突，可以锻炼孩子的心理调适机能。

刚开始时，家长可以一边教孩子学习游戏规则，一边和孩子一起玩。然后，试着鼓励孩子跟其他小朋友一起玩。孩子赢了比赛，家长可以在和孩子一起开心的时候，问问孩子，为什么会赢，一个人会一直赢吗？当孩子输了，家长不要表现出很难过的样子，应该尽量平静，让孩子明白，比赛中输赢都很正常，输了可以再赢，赢了也可能再输。

4. 要帮助孩子树立自信心

心理学家认为，缺乏自信心、自卑的人更容易产生嫉妒心。因此，帮助孩子树立自信心，对自己有个正确的评价无疑是医治嫉妒的良药。

5. 培养孩子宽阔的胸怀

孩子跌倒，被扶起后仍然痛哭不已，母亲便在孩子摔倒的地方重重踩几脚，说："踩死你！该死的！谁叫你摔痛我的宝宝！"孩子即刻破涕为笑。这看起来是小事，许多父母都这样做。可是我们想想，孩子摔倒本是他自己的过错，你这样做会让孩子的心里觉得这不是他的错误，无形之中转移了他心中的怨恨。正确的做法应该是告诉孩子"没什么，宝宝真勇敢"！从小培养孩子宽阔的胸怀。

让孩子不再多疑

小楼是高中二年级的女生。她经常不高兴，因为她总觉得周围的人都与自己过不去，特别是本班的同学和老师。她在日记中是这样写的：

"小芬也不是个好人，前两天还跟我有说有笑，今天在校园里看见我居然跟没看见似的，不和我打招呼！准是自以为自己怎么的了，有什么了不起！

"今天我进教室，看见阿春她们一伙人围在一起不知在说些什么，发现我进来都看了我一眼，过了一会儿却哄堂大笑，哼！笑什么笑？以为我不知道她们在背后议论我吗？一群长舌妇！

"真倒霉！老师昨天安排班长通知全班同学今天下午在会议室集中，班长偏偏把我一个人给漏掉了。要不是小芬路上碰见我喊我一起去，我岂不是要缺席一次？这个班长，再怎么跟我过不去也不用这样吧，小人一个！"

总之，小楼认为自己是世界上最善良、最无辜的人，她对别人没有任何恶意，但不知为什么总是会受到别人的伤害，除了爸爸妈妈，在这个世界上没有别的人真心对她好。以前爸爸妈妈并不知道女儿有这种想法，在一次吃晚饭的时候，小楼无意中说起自己的班集体，她说她们班上的老师和同学都不是好人，都欺负自己。爸爸妈妈大吃一惊，以为女儿受了多大的委屈。但是听小楼细细一说，爸爸妈妈立即感觉到女儿的想法不对，她的疑心太重了。

在本案例中，小楼确实表现出比较典型的心理障碍——猜疑心过重。猜疑心过重主要表现为：遇事敏感，有比较严重的神经过敏，而且常常是把事情和当事人往坏处想，往对自己不利的方面想，从而引起痛苦的感受和意志的消沉。因为这种猜疑，往往会对周围的人产生不信任和厌恶感，导致人际关系不理想，孤独郁闷。具有这种心理问题的孩子，会对世界上的各种事物，只要有不完美的地方，哪怕只有百分之一的可能，他们都会当成百分之百的可能去怀疑、担心、害怕。

猜疑是人性的弱点之一，历来是害人害己的祸根，是卑鄙灵魂的伙伴。一个人一旦掉进猜疑的陷阱，必定处处神经

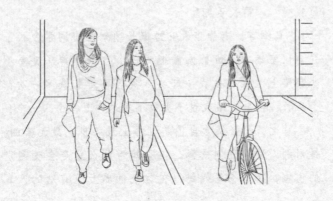

过敏，事事捕风捉影，对他人失去信任，对自己也同样心生疑窦，损害正常的人际关系，影响个人的身心健康。

造成猜疑的原因有以下几种：

1. 作茧自缚的封闭思路

猜疑一般总是从某一假想目标开始，最后又回到假想目标，就像一个圆圈一样，越画越粗，越画越圆。最典型的例子就是"疑人偷斧"的寓言了：一个人丢失了斧头，怀疑是邻居的儿子偷的。从这个假想目标出发，他观察邻居儿子的言谈举止、神色仪态，无一不是偷斧的样子，思索的结果进一步巩固和强化了原先的假想目标，他断定贼非邻居儿子莫属了。可是，不久他却在山谷里找到了斧头，再看那个邻居儿子，竟然一点也不像偷斧者。现实生活中猜疑心理的产生和发展，几乎都同这种封闭性思路主宰了正常思维密切相关。

2. 对环境、对他人、对自己缺乏信任

古人说："长相知，不相疑。"反之，不相知，必定长相疑。不过，"他信"的缺乏，往往又同"自信"的不足相联系。疑神疑鬼的人，看似疑别人，实际上也是对自己有怀疑，至少是信心不足。有些人在某些方面自认为不如别人，因而总以为别人在议论自己，看不起自己，算计自己。一个人自信越足，越容易信任别人，越不易产生猜疑心理。

3. 对交往挫折的自我防卫

有些人由于以前轻信别人，在交往中受过骗，以致蒙受了巨大的精神损失且感情挫折，故万念俱灰，不再相信任

何人。

猜疑的人通常过于敏感。 敏感并不一定是缺点，对事物敏感的人往往很有灵气，有创造力，但如果过于敏感，特别是与人交往时过于敏感，就需要想办法加以控制了。

针对孩子疑心重的问题，可以采取以下措施来解决：

（1）为孩子找一个知心的朋友，如果暂时没有，就由父母充当。 知心朋友的作用是为孩子提供一个倾诉、发泄心中不满的对象，倾诉本身就是一种有效的缓解，而且，父母在听完孩子的倾诉以后，应当耐心地帮助孩子转换思考问题的角度，用一种宽厚的眼光去理解他人的言行，不要过于极端，把任何人都想得太坏。

（2）建议父母平时注重调整孩子的心境，通过关心孩子生活的各个方面，以及陪同孩子一起远足等各种活动来开阔孩子的心胸和眼界。 如果方便的话，甚至可以邀请那些"嫌疑人员"和孩子一起参加活动，增进彼此之间的了解，避免无谓的猜疑和误会。

（3）当孩子对别人有所猜疑的时候，父母不妨建议孩子主动去了解别人的真实想法，通过事实来证明自己的一些猜想是错误的。

调节孩子的恋父情结

　　小薇在老师眼里是个懂事、听话的孩子，她学习成绩好，多次被评为"三好学生"。可是，小薇的妈妈却满腹烦恼，因为小薇在家里经常会做出一些叫人无法理解的行为。

　　小薇从小就和爸爸感情特别好，爸爸也很宠她，一有空闲就带着她玩儿。有一次爸爸给她穿衣服时，小薇很认真地对爸爸说："爸爸，长大了我要嫁给你。"爸爸听了也没放在心上。每次小薇犯了错误，总是在爸爸面前撒娇，以逃避惩罚。小薇的妈妈认为，父母两个人中必须有一个人唱"黑脸"，否则会惯坏孩子，因此，她对小薇的要求就比较严格，经常扮演严厉的角色。渐渐地，妈妈发现，小薇和自己越来越疏远了，有什么心里话也不和自己说，而是悄悄告诉爸爸，晚上也要和爸爸睡在一起。

　　刚开始，妈妈并没有在意，认为小薇是孩子气，长大了就懂事了。但小薇现在已经上初一了，不但没有懂事，有些行为反而更让人不能理解了。

　　一次，家里来了客人，小薇对客人的孩子不够礼貌。客人走后，妈妈批评了她几句，她竟脱口而出："你有什么了不起，除了眼睛比我大，还有哪儿比我强？"每当父母发生争执时，小薇总是帮爸爸一起攻击妈妈，特别是当爸爸斥责妈妈时，小薇就幸灾乐祸，扮鬼脸。

　　还有一次，小薇的爸爸要出差，小薇知道了，坚决不让爸爸出门。无奈之下，爸爸只好趁她上学才走。放学回家之后，小薇发现爸爸走了，又哭又闹，硬说是妈妈"捣鬼"，甚至说，要是没有妈妈，爸爸会对她更好的。爸爸走后，无论妈妈怎样关心她，她都冷眼相对，不理不睬。而给爸爸打电话时，她又像变了一个人，神采飞扬，说出的话更是让人吃惊，说她多么想念爸爸，爸爸不在家，她觉得没意思，等等。

　　妈妈对小薇的言行深感困惑，这孩子是怎么了？是幼稚、没长大，还是出了其他问题？长期这样下去，小薇和自己的关系岂不是会越来越僵？

小薇有明显的亲近父亲、厌恶母亲的情绪和行为，这些是恋父情结的典型表现。所谓恋父情结，在朱智贤主编的《心理学大辞典》中这样解释：恋父情结是女儿亲父反母的复合情结。弗洛伊德把小女孩对父亲的深情专注，把母亲置诸一边，甚至想取代母亲位置的愿望，即"爱父嫌母"的潜在愿望，称为"恋父情结"。

恋父情结是由弗洛伊德首先提出来的。弗洛伊德认为，恋父情结是一种性心理障碍，也叫性心理倒错，一般源于女孩在 3～6 岁的时候没有得到正确的关爱和教育。这一时期的孩子开始注意性别差异，对性产生好奇心。这一时期，男孩恋爱母亲，嫉妒父亲；女孩亲近父亲，嫉妒母亲。弗洛伊德认为，这是一种本能的异性爱的倾向，一般由母亲偏爱儿子和父亲偏爱女儿促成。这种幼年的性欲由于受到压抑，在男孩心理上就成了恋母情结（或称俄狄浦斯情结），在女孩心理上就成了恋父情结（或称伊拉克特拉情结）。

只要对孩子多加留心，在很早的时候就可以发现恋父情结的端倪。比如有的孩子将父亲常用的东西（如雨伞、打火机等）带到幼儿园，吃饭、睡觉、学习、玩耍都带着，谁也别想拿走。对于其他人的同类物品，她并不接受。这个时候，无论是家长还是老师，都要立即重视并尽快解决这个问题。如若不然，待孩子长大之后，恋父情结有可能变得更加强烈，难以控制。

小薇的恋父情结追其根源，是幼儿时期父爱的过溢和母爱的不足导致的。年幼的小薇，由于妈妈工作的缘故，和妈妈接触较少，在最需要母爱滋润时，脑海中印刻的都是爸爸的抚爱，再加上成长过程中，爸爸的娇宠和妈妈的严厉形成了鲜明的对比，所以小薇不但在情感上与妈妈逐渐疏远，甚至认为是妈妈分享了爸爸本该全部给予她的关爱，渐渐对妈妈产生了一些怨恨。 恋父情结可能会对小薇日后的生活造成很大的影响，因此，父母首先要在思想上引起重视，采取适当的措施改变这种状况。

首先，小薇的爸爸应该坚定而巧妙地疏远女儿。 之所以强调态度坚定，是为了防止反复，使她对爸爸产生更深的依恋，那会导致整个过程事倍功半。 父亲可以采取巧妙的方法，以避免给孩子造成伤害。 比如借口出差或者工作忙，减少在家的闲暇时间；爸爸可以在适当的时机就事论事地批评孩子，让她对"严父"的教育有所体验等。

其次，妈妈要"乘虚而入"，多亲近、关爱女儿，以弥补女儿对父亲的依恋，慢慢地在小薇与父亲有所疏远的情感中取而代之。 这样，逐渐将原来"严母慈父"的教养方式变为"严父慈母"。

当然，我们强调父母对孩子的教养角色的转变，是因人因事而异的。 事实上，孩子健康心理的形成，是父亲和母亲共同培养的。 专家认为：母爱能使孩子学会爱和关心，是儿童情感发展的基础，而父亲则有利于孩子在态度和价值观方面的发展。 因此，孩子应该同时拥有这两种类型的关爱。

疏导孩子的恋母情结

一家心理咨询室里坐着一位烦恼的母亲。她是为了儿子来做心理咨询的。

这位母亲告诉心理咨询师："我儿子今年已经上初三了，但跟我的关系亲密异常，十分依恋我。以前我也没觉得有什么，可最近听了一些关于心理学方面的广播节目后，心里开始恐慌，因为儿子对我总是什么事情都说，晚上散步的时候也一定要跟我一起去，有时候班上哪个女孩子给他写了信，对他有好感，甚至对某个女孩子的评价，全都会告诉我。我现在很担心：我儿子他是不是有俄狄浦斯情结，他现在这么大了对母亲还是这么依恋是不是不正常？我不知道自己究竟能够做些什么，我爱人有时候也很生气，说儿子总是长不大。医生，你告诉我，我们究竟该怎么做，才能让他长大呢？"

俄狄浦斯情结又称恋母情结，是指孩子在5岁左右时为了对抗与母亲的分离焦虑而激发的依恋母亲的情结。

从某种意义上来说，恋母是儿童心理发展的必然阶段，如果孩子在 5 岁前和母亲形成稳定安全的关系，恋母期伴随的以自我为中心的感知方式会慢慢地因为身心成长而被对外部世界的兴趣取代，开始社会化过程，恋母的心理趋向也慢慢地潜抑，并在成长中转化为爱的动力，形成与人达成深层亲密的能力。 如果妈妈忙着工作，忽略了孩子，或个性比较冷，不怎么喜欢孩子，不能给孩子及时的照料，甚至虐待孩子，孩子就不容易与母亲形成稳定安全的关系，恋母阶段的心理成长也就无法完成。 孩子会因此在潜意识中去寻求补偿，甚至过度补偿。 比如总是渴望母爱，不愿意离开母亲，害怕不被母亲接纳，对母亲的话过度认同等。

也有的孩子用控制母亲的方式来表达恋母情结。 为了让母亲变成自己需要的样子，做一些非理性的行为，用各种办法纠缠母亲。 母亲不能满足他的要求时，他就会仇视母亲。也会有这样的情况，母亲过度依恋孩子，强化和鼓励孩子与母亲保持密不可分的关系，无意识地控制、压抑、挫败孩子自立的能力，不让孩子离开自己。 这样的孩子成年以后，甚至结婚生子后还需要妈妈参与自己的生活。 这种情况的恋母不是纯粹心理上的恋母，而是混杂着对母亲的依赖和服从，内心可能有冲突和痛苦。

恋母情结是最基本的人际关系，也是最早发生的人际关系，可以说，长大以后的各种人际关系都会不同程度地受恋母情结的影响。

有恋母情结的男孩，以后很可能成为一个没有主见、缺乏进取精神的孩子，因为这种孩子非常害怕失去母亲的爱，所以一直是窥视着母亲的脸色，抑制自己的主张，为讨好母亲而生活着。 由于过度依附母亲，其思维方式和言谈举止都容易女性化。

有恋母情结的男孩，还习惯于单方面获得，不懂得自己应主动为他人服务。有一个小伙子，到医院探望母亲时不但空手而去，反而还把别人给母亲带去的点心和水果给吃光了，然后就倒在母亲的病床上呼呼大睡。在他心里，接受母亲的爱就等于爱母亲了。

有研究指出，恋母情结还是导致同性恋的重要原因之一。在抚养孩子的过程中，由于母亲与孩子过度亲密，使一些男孩子对母亲的依恋在社会教化的过程中认同女性，甚至以女性自居。孩子的性别认同出现了问题，在以后的生活中很可能会发展成同性恋。

孩子在3~6岁时，必然会在感情上更加依恋父母。父母习惯上把这看作亲情问题，如果孩子不依恋自己，许多父母会以为是因为自己做得还不够好，于是加倍弥补。有些父母觉得无所谓，尤其那些感情较好的夫妻，常常觉得孩子亲谁都一样。其实，这是孩子在进行性别角色方面的认同。因此，在这一时期，男孩子就需要格外亲近具有男性心理特征的父亲，把父亲当作本性别（全体男子）的典型代表，从他那里学习男性特有的性格气质和举止神态，将来才能成为一个充满阳刚之气的男人。同样，女孩也需要亲近母亲，以便学会如何做女人。

男孩应跟父亲认同，女孩应跟母亲认同。如果颠倒过来，就容易形成孩子的"性身份障碍"（个人对性别身份的内在信念与其生物学性别不一致），有可能发展为排斥甚至仇视异性，严重的可能是形成同性恋的潜在内因。

父母总以为爸爸更亲女儿、妈妈更亲儿子是天经地义，却忘了自己格外亲子女的时候，还应该加倍地鼓励和引导男孩去崇敬父亲、女孩去理解母亲。

许多父母都注意不给男孩穿花衣服，不让女孩爬墙、上树，但更为重要的是，应该让他们多跟同性孩子一起玩，把交流和示范融会在玩乐之中。这是孩子"游戏期"性别角色培养的"秘诀"之一。父子共同"骑马打仗"、捉蚂蚁，母女一块儿打扮布娃娃、"跳房子"，这才是有益的天伦之乐。父母对孩子疏于沟通，或者只注重开发孩子的智力，是无法促进孩子的性别认同的。异性成员组成的单亲家庭或者夫妻不和的家庭，对子女成长极为不利，其重要原因就是这样的家庭无法较好地培养孩子的性别角色。

心理学家认为，缺乏自信心、自卑的人更容易产生嫉妒心。因此，帮助孩子树立自信心，对自己有个正确的评价无疑是医治嫉妒的良药。

当孩子对别人有所猜疑的时候，父母不妨建议孩子主动去了解别人的真实想法，让事实去证明孩子的一些猜想是错误的。

高情商家教思维

1. 细心回想一下，自己的孩子有没有需要解决的心理问题。 如果有，你将采取什么样的措施帮助孩子走出心理阴影区？

_____

_____

_____

2. 孩子出现嫉妒心理和行为，父母应该怎么办？

_____

_____

3. 针对脆弱的孩子，如何帮助他重建信心？

_____

_____

4. 造成猜疑的原因是什么？ 如何帮助疑心重的孩子？

_____

_____

_____

5. 怎样改变孩子对父母的过多依赖？

_____

_____

_____

第七章

培养心态，让你的孩子更阳光

让内向的孩子敢于表现自己

　　文文性格十分内向，现在上初二了，学习成绩挺好，平时各方面的表现也都不错，但就是凡事不敢去争取、去竞争。有一次，学校开运动会，大家都主动报名参加项目，可文文却无动于衷，连啦啦队都没有去报名。班里的联欢会，同学们都是自己准备节目，她也不敢；还有像学生会竞选等，她都不太有自信心参加。其实，她各方面都挺优秀的，就是不能好好表现自己。文文的父母对这件事一筹莫展。

　　文文是一个很优秀的孩子，但是由于不敢表现自己，则容易失掉很多让自己更优秀的机会，是很遗憾的一件事。为什么自己完全有能力，却不敢证实自己呢？很大一部分原因是缺少足够的自信。让孩子迈开第一步，有过成功的感觉，那么再有类似活动的时候，孩子就会大胆地行动了。让孩子在比较中看到自己的优势，才能使她不畏惧失败，在竞争中心中有数。

　　孩子的表现欲受好奇心的驱使，具有求奇、求变的创新倾向。 家长对孩子的某些好的方面要给予肯定和表扬，哪怕只是点点头、笑一笑，都会使孩子感到满足和受到鼓励，从而增强孩子的表现能力和欲望，为有效地学习知识和发展创造能力奠定情感基础。

心理学研究表明，孩子的表现欲与性格特点有关。 性格外向的孩子胆子大，表现外显；性格内向的孩子胆子小，表现内隐。 家长必须根据孩子的性格特点，对他们的表现欲进行正确引导。 对外向型的孩子，不可任其表现欲无限度膨胀，以免滋生虚荣心理；对内向型的孩子，则应激发其表现欲，鼓励他们大胆表现自己的才能、展示风采，让他们在实践中品尝到自我表现的乐趣，增强表现欲。

孩子的表现欲是一种积极的心理品质，当孩子的这种心理需要得到满足时，便会产生一种自豪感。 这种自豪感会推动孩子信心百倍地去学习新东西，探索新问题，获得新的提高。 为了使孩子的身心健康地成长，家长应该正确对待并注意保护孩子的表现欲，切不可无视或压抑孩子的表现欲，要让孩子在不断地自我表现中发展自我、完善自我。

家长可以在平时经常告诉孩子他的优点，比如有某某方

面的比赛，你一定能取得好成绩。 让孩子知道自己的长处可以在什么地方表现出来。

如果孩子回家后，说到他们班里正准备举行什么活动，很可能就是他有此意，只是他还不太坚定，这时候，家长需要推孩子一把，鼓励孩子报名。

孩子报了名，家长不要觉得自己的任务已经完成，接下来的努力更加重要，尤其是不轻易参加活动的孩子第一次报名。 如女儿报名参加了学生会的竞选，孩子写出竞选申请书后，家长需要给孩子建议，让孩子做进一步的修改，并在家里模拟竞选现场，让孩子演练，并且适当地发问，让孩子熟悉现场程序，做好心理准备。 其实，在这些准备过程中，孩子会觉得成功在望，并不是原来想象得那么遥远的事情。另外，家长还要告诉女儿，"只要努力了，就算结果没有我们所预想的那么好，也没关系，毕竟你是第一次。 机会还很多，你的优势也有很多，只要你能够敢于参加，认真准备，总会成功的"。

最后，家长还需要鼓励孩子多与同学交往，或者创设环境，让孩子带朋友来家里玩。 这样渐渐地，孩子就会改变内向、退缩性格，变得积极主动起来，并且好朋友的鼓励更能帮助他下定决心参加比赛活动。

培养孩子坚忍不拔的毅力

　　由于中考失利，小林进了一所普通高中，虽然他觉得很失望，但仍决定在普通中学里也发奋学习，考一所比较好的大学。在开学的第一天，小林就定下了学习计划，把每天的时间安排得满满的。可是他坚持了不到一周，就又恢复了平时懒散的习惯。爸爸妈妈看到小林没有按计划来做，就在晚饭后找他谈了话，鼓励他坚持下去。小林当时又下定决心，一定要坚持下去。可是，没过几天，小林又放松了对自己的要求，就这样周而复始，造成的后果就是学习一直没有起色，而他本人也极其内疚、自责，天天陷入苦恼当中，并对自己的能力产生了很大的怀疑。家长是看在眼里急在心里，不知道该怎么帮助他。

　　从心理学的角度看，小林坚持不下去的一个最重要的原因是缺乏毅力。缺乏毅力比较突出的表现就是做事情虎头蛇尾、难以坚持。对于小林这种情况，在学生中是很常见的，经常有人将蓝图计划得特别好，但是最后却因缺乏毅力而以失败告终。

毅力不是天生的，主要靠后天的教育培养。一个小孩子，在幼儿园和小学低年级会表现出毅力品质的初步状态，小学三四年级开始，毅力品质的各个因素会发展很快。因此，必须从小抓紧毅力品质的培养，一点也不能放松。

毅力主要在实践行动中培养，适当讲道理是必要的，但关键是实践。每个孩子都有一定的意志力，只是强弱不同，如果具体分析，就要从孩子的实际出发，找准弱点。比如，有的孩子做事情虎头蛇尾，一开始决心很大，干劲很足，但是三天热乎劲儿一过，后边就稀松平常了。这种孩子毅力品质的优势在确定目标、确定行动阶段，而弱点在于坚持性和自制力上。对待这样的孩子，在确定目标之后，要打预防针，提醒他一旦干起来，就要克服困难坚持下去。在行动过程中，则要帮助孩子正视困难，克服困难，加大自我管理的力度，不断地激励他。在接近目标时，尤其要讲"行百里者半九十"的道理。有几次这样的过程，孩子的薄弱环节就会得到扭转。

为了培养孩子的毅力，家长可以从以下几个方面给予帮助：

1. 帮孩子确立短期目标

心理学中有一个"爬山法"，就是将长远的大目标分解为短期的小目标，然后一步步地去实现，这样不至于在实现大目标的过程中觉得毫无希望或暂时看不到成果而缺乏动力。打个通俗的比喻说，爬山的时候，如果总是看山顶，就会因为终点太远而丧失信心，但是如果把这段路途划分成一个个小段，爬起来就有信心得多。 小林实际上是有一个长期目标的，就是考上一所好的大学。 但是这个目标在短期内无法看到效果，以至于小林没有动力去坚持。 这个时候家长可以帮助他将大的目标换成一个个小目标，比如这次单元测验的分数要达到多少，这学期期中考试的名次是多少。 这样一步步地实现，从而达到最终的目标——考上比较好的大学。

2. 制订详细的学习计划

按照学习情况安排一个循序渐进的学习计划，然后严格按照学习计划进行学习。 这个学习计划可以具体到每天的时间安排，比如，早晨几点起床，几点开始学习某个学科，学习时间为多长，学习多少等。

3. 家长及时关注孩子学习的问题

家长要及时关注孩子的学习进展，对存在的问题给出意见，指导、检查计划执行情况，并帮助孩子确立短期目标、修改学习计划，以使其更合理。

让你的孩子相信自己

一位心理专家说：

我好朋友的女儿丽丽上小学二年级了，最近和她打电话时，朋友对我说：丽丽在与小伙伴交往时特别不自信，总觉得自己没有别人做得好。前一段时间，班里选班干部，丽丽的票数很多，可她说什么也不愿意当。后来在老师和同学们的鼓励下，丽丽当了班里的文艺委员。可最近由于组织联欢会受到了阻力，丽丽又开始打退堂鼓了。朋友让我帮她想想办法。

丽丽的表现是许多孩子身上都有的一种表现——缺乏自信。

自信，往往是和有抱负、有主见、有韧性、不盲从、不动摇联系在一起的。自信心是一个成功者最重要的心理素质，但它不是天生的，必须由父母从小加以正确引导，使孩子学会对自己充满信心。无论是年幼（3～6岁）的，还是年纪较大的（9～18岁）孩子，培养他们自信的心态，在孩子的成长过程中将起到重要作用。

有一句教育名言是这样说的：要让每个孩子都抬起头来走路。"抬起头来"意味着对自己、对未来、对所要做的事情充满信心。任何一个人，当他昂首挺胸、大步前进的时候，在他的心里有诸多的潜台词——"我能行""我的目标一定能达到""我会干得很好的""小小的挫折对我来说不算什么"。假如每一个小学生、中学生都有这样的心态，肯定能不断进步，成为德智体全面发展的好学生。

然而，事实上有相当数量的孩子缺乏自信心，缺乏上进的勇气，本来可能有十分的干劲，最后也只剩下五六分甚至更少了。长此以往，孩子会成为一个被自卑感笼罩着的人，不但会延迟进步，甚至可能自暴自弃、破罐破摔，那将是很可怕的。

如何培养孩子的自信心呢？专家建议从以下几点做起：

1. 通过孩子的实践活动培养自信心

积极支持孩子参加各种各样的实践活动，在实践活动中孩子会得到很多成功与失败的经验，成功的经验累积得越多，孩子的自信心就越强。

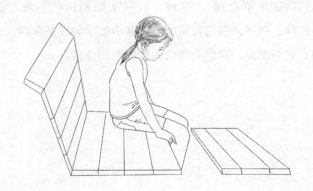

2. 及时肯定和赞扬孩子的良好行为

当孩子有一个好的行为，做成了一点小事，父母都应给予及时的肯定，而不要只在孩子淘气时才注意他，当他表现良好时却视而不见。适当的鼓励，会使孩子的心情变得兴奋而愉悦，孩子也更加容易听从家长的引导。因为幼小的孩子往往是通过别人的眼睛来认识自己的，家长的表扬、肯定、评价，对孩子的志向、情感、行为起着极其重要的作用。人性中最本质的需求其实就是渴望得到赏识、尊重、理解和爱，赏识你的孩子，就会树立孩子对自己的信心，使孩子在"我是好孩子"的心态中觉醒；而一味地抱怨只能使孩子自暴自弃，在"我是坏孩子"的意念中沉沦。不是好孩子需要赏识，而是赏识使他们变得越来越好；不是坏孩子需要抱怨，而是抱怨使坏孩子越来越坏。

3. 让孩子参与安排家庭事务

如果你能改变一下家庭里的主从关系，偶尔也让孩子来安排一次星期日的游玩计划或节日家宴的菜谱，让他在参与讨论的同时了解家里的经济情况，了解什么样的要求合理，什么样的要求不合理。这样，孩子能抑制自己不合理的要求；这样，孩子从参与安排家庭事务中能学到许多东西，会更懂事、更有主见，自信心也会由此而更加坚定。

帮孩子摆脱急躁心态

　　小仓是个急性子，复习功课的时候，总是急急忙忙地翻翻这本书又看看那本书，然后每次都感叹一声"啊呀，什么时候才能看完呀"。有一次，在做数学题的时候，小仓急急忙忙拿来就做，也没有验算，做到中间发现错了，就着急地用橡皮来擦，可是因为太用力了，几下就把本子擦破了。没办法只好撕掉，再重新来，可是越急越出乱，作业写到晚上 10 点钟才算写完，但仍然错误百出。为此，小仓有时自己都着急得哭了起来，父母除了劝慰也找不到什么好的办法。

　　案例中的小仓性格十分急躁，这给他的生活带来了负面的影响。急躁是一种不良的情绪，急躁会使人心神不宁，经常在惴惴不安中生活。因为急躁是神经系统的一种兴奋和冲动，急躁的人无论学习还是工作，往往不经认真思考、周密安排就很快进入兴奋和冲动的状态，结果很难达到预期目标。

　　急躁的人容易灰心。在急于求成的情绪支配下，一旦事情遭到挫折，他往往不能冷静客观地分析原因，而是带着更加急躁的情绪，赌气般地以更大的蛮劲去对待困难，胡乱地甚至是近乎疯狂地向困难猛攻，如果仍然不能奏效，他很快就会像泄了气的皮球，灰心了、退却了，丧失了同困难做斗争的勇气。

急躁的人容易发怒。在现实生活中，我们可以看到，爱发脾气的人通常都是性子很急的人。急躁的人如果碰到令人生气的事，很少能够冷静和克制，往往是大发雷霆，做出一些伤人害己的事情来。

如果一个人长期受急躁情绪的折磨，他内心的和谐和宁静就会被打破，甚至会出现情绪上的紊乱状态。因此，情绪急躁的人，必须采取有效措施来克制和消除这种不良情绪。

急躁换句话来说，就是缺乏耐心。有句俗话说，"心急吃不了热豆腐"。这正说明耐心是成功的关键因素之一。在心理学上，耐心属于意志品质的一个方面，即耐力。它与意志品质的其他方面，如主动性、自制力、心理承受力等有一定的关系。

耐心被认为是一个人心理素质优劣、心理健康与否的衡量标准之一，也是孩子未来成功的关键因素之一。培养孩子的耐心不仅对他在学习上有帮助，而且对他今后的人生道路也有很大的影响。但是，孩子毕竟是孩子，许多孩子都不够有耐心。只要想到了或者听到了，他们便要求立刻兑现，否则便不停地纠缠、吵闹，直到父母满足他们的要求为止。

这其实并不奇怪，因为孩子的耐心并不是与生俱来的，而是需要后天的培养。当孩子不停地用哭闹强迫父母满足他的要求时，父母要沉得住气，一定要注意对孩子进行耐心训练。只有父母付出耐心才会培养出孩子的耐心。

1. 家长要做好榜样

许多孩子没有耐心，是因为家长做事也是虎头蛇尾。 所以，要想让孩子有耐心，父母首先要有耐心地去做每一件事情。

比如，父母可以晚上跟孩子一起学习。 当孩子不断地起身、坐下时，父母应坚持看书，孩子见父母能够耐心地看书，也能受到一些感染。

另外，父母在要求孩子做一件事情之前，要先跟孩子约好这件事必须耐心地做完；如果没有完成不仅需要补上没做完的，而且还得再增加时间来处理相关的事情。 这样，孩子就能够有计划地去做事，也能够在一定的时间内耐心地把事情做完。

2. 让孩子明白耐心的重要性

父母一定要让孩子明白，耐心执着是成功的秘诀。 著名生物学家童第周的父亲为了让童第周从小就明白耐心的重要性，让他能够执着地学习和做事，特意给他题了"滴水穿石"的条幅，告诫童第周世界上没有穿不透的顽石，只有没有耐心的人。

父亲去世后，大哥安排童第周到宁波师范预科学校读书。 只读了一个学期，童第周就提出要考当时全省著名的效实中学。 哥哥对他说："效实中学是用英语讲课的，你的英语根本不行，肯定考不上的。"童第周却认为"滴水能够穿石"，只要自己耐心学习，肯定能够考上的。 为了准备考试，童第周坚持自学英语，每天除了吃饭外很少离开书房。终于，童第周考上了效实中学。 在效实中学，童第周又用滴水穿石的精神，使自己的成绩从刚入学的倒数第一上升到了全班第一。 这就是因为童第周对耐心学习有深刻的理解。

3. 家长应该有意识地给孩子设置点障碍

设置这些障碍，可以为孩子提供一些克服困难的机会。因为耐心是坚强意志磨炼出来的，越是在困难的环境中，越能锻炼孩子的耐心。 要告诉孩子做事不能半途而废，做好一件事要经过努力，才能完成。 孩子经过努力完成一件事时，应当及时给予表扬，强化做事有始有终的良好习惯。

4. 帮助孩子控制情绪

孩子发脾气时可以先冷处理，把他暂时搁置一边，因为这时的孩子是什么也听不进去的。 等他略微平静下来，你可以搂他在怀里，慢慢地问他："刚才为什么发这么大的脾气？""发脾气能解决什么问题吗？""能和妈妈说说你的道理吗？"一定要听听孩子的想法，了解孩子发脾气的原因，帮助孩子控制自己的情绪，学会用适当的方法解决问题。

别让虚荣迷失了孩子纯真的本性

　　童昊生活在一个经济条件并不富裕的家庭，妈妈下岗后做点小生意。虽然家庭条件不好，但父母总是省吃俭用，从不让童昊在吃穿上受委屈，别的孩子有的，童昊也会有，而且对童昊提出的要求也从不拒绝。童昊在小伙伴中间算是很气派的一个，他感到很满足。从小学到初中，童昊的学习成绩一直很好，在妈妈和老师的眼里，童昊始终是一个好孩子。

　　但自从上了市里的高中，情况就发生了很大的变化。高中的同学和他以前的同学家庭条件不一样。城里高中同学的父母多是高收入者，他们花钱如流水，穿的用的都是名牌。相比之下，童昊显得非常寒酸，以前的优越感再也没有了。由此，童昊产生了严重的心理失衡，他不甘心落于人后，于是他每次回家都向妈妈要很多钱，和同学们比吃比穿以满足他的虚荣心。起初妈妈总是大方地给他，但后来妈妈实在承受不了，几次都拒绝了他。童昊见妈妈这个经济来源断了之后，就动了邪念："别人有的我为什么不能有，这不公平。"在这种想法的驱使下，童昊开始偷同学的钱，几次偷盗都没被发现，更增加了他的侥幸心理。在金钱的诱惑之下，他越陷越深，最后伙同另一同学作案，直至被公安机关抓获，受到了法律的制裁。

童昊事件发人深省，他为什么会从一个听话的孩子变成一名罪犯呢？仔细分析，主要是虚荣心在作祟。虚荣心是一种表面上追求荣耀的自我意识，具有虚荣心的人，往往会用扭曲的方式来表现自己的自尊心和荣誉感，他们所追求的其实只是表面上的好看和形式上的光彩，面子高于一切，不顾条件和现实去追求虚假的声誉。

虚荣心往往会导致孩子产生其他的心理问题，如嫉妒、自卑、敏感等，这些都会阻碍孩子的健康发展。

每个人都或多或少地有点儿虚荣心，这是正常的，因为大多数人都渴望自己被他人尊重，被他人敬仰，都希望自己能做得更好、更理想。但是，如果虚荣心太重了，就会影响心理的健康，影响正常的学习和生活。仔细观察不难发现，虚荣心太重的人活得往往都非常累。这是由于他们不能展示"真我"，不能按自己的本来面目生活，而需要在别人面前精心打扮来抬高自己。另外，有虚荣心的人虽然在别人面前显得很"自信"，但他们自己心里并不轻松，尤其是当他一个人独处时，便会感到更加的自卑，因为他们骗不了自己，更明白自己的真相。真相和假相的反差很容易使少年内心空虚、失落，最终导致心理颓废，爱慕虚荣，不求进取。

孩子虚荣心形成的主要原因来自家庭。由于现代家庭孩子少，父母怕孩子受委屈，总是对孩子有求必应。不管是穿的，还是戴的，自己孩子都不能比别人差，别人的孩子有什么咱家的孩子也得有，决不能比别人家少。 于是，在父母这种无意识的纵容之下，孩子的物质欲望无限地膨胀。 另外，一些父母还从溺爱孩子的观点出发，在别人面前总是爱讲孩子的优点，掩盖他们的缺点，甚至在亲朋好友面前常常夸耀自己的孩子聪明、学习成绩好等，而对别人的孩子往往妄加指责。 由于孩子对自己客观评价的能力还很差，父母具有绝对权威性，慢慢地孩子就从父母眼里的"十全十美"变成自己心目中的"十全十美"，再也容忍不了别人超过自己。

从心理学角度来说，虚荣心是一种追求虚荣的性格缺陷，是一种被扭曲了的自尊心。 虚荣心强的人不是通过实实在在的努力，而是通过贬损、打压别人的方式来获得成功。用赛跑来做一个比喻，那就是虚荣心强的人并不愿意真正与对手站在同一起跑线上较量，他总是想方设法通过一些不可告人的手段让对手因为"这样"或"那样"的意外而无法参赛。

对孩子来说爱慕虚荣无疑是一种可怕的坏性格，父母应采取必要的方法加以纠正。

首先，父母要注意孩子心态的变化，多给孩子讲不爱慕虚荣的道理。 有的父母为了使孩子不受委屈往往尽量满足孩子的要求，还有的父母对孩子则采用先吼后打的办法。 其实，最好的办法是多给孩子讲道理。 告诉孩子，拥有名牌并不意味着就拥有了较高的地位，只有依靠自己的能力取得成功，才能获得别人的尊重和认可；教育孩子要根据自己的需要来购买东西，不要为了同他人攀比，而买自己所不需要的东西；让孩子学会科学的、理性的消费，可以把家中的收入支出讲给孩子听。

其次，父母要创造机会，让孩子通过自己的劳动获得想要的东西。如果孩子的要求是合理的，那么父母可以为孩子创造一些机会，让孩子用自己劳动挣来的钱购买所需要的东西。如让孩子做一些力所能及的事，分担一些家务，然后从中取得回报；一分劳动一分收获，一滴汗水一点回报，让孩子知道仅靠不停地向父母要这要那，不仅不光彩，而且还行不通。

最后，父母要客观地评价自己的孩子。作为父母，不夸大孩子的优点，也不掩盖孩子的缺点。对那些符合道德规范的行为，父母应给予表扬，但应适度。因为经常性的表扬会使孩子认为这些并不是他应该做的，一旦这样做了，便能得到奖励，久而久之，孩子便养成了虚荣的坏习惯。对于孩子的缺点要及时指出，帮助孩子分析原因，并鼓励其渐渐克服。

◇ 培养心态 ◇

小林说这次班级联欢会他要跳街舞，你呢？

我觉得你绕口令说得很好，可以试试。

我唱歌跳舞都不行，还是不报了。

家长对孩子的某些好的方面要给予肯定和表扬，这会使孩子感到满足和受到鼓励，从而增强孩子的表现能力和欲望。

要有自信，不试试怎么知道自己干不好呢？

同学们选我当班级的文艺委员，我觉得自己干不好。

积极支持孩子参加各种实践活动，让孩子在实践活动中收获成功与失败的经验。成功的经验累积得越多，孩子的自信心就越强。

皮皮又买了一双阿迪的运动鞋，我也要。

你已经有好几双运动鞋了，咱们不比穿戴，要比就比学习。

父母要多给孩子讲道理，要告诉孩子拥有名牌并不意味着就拥有较高的地位，只有依靠自己的能力取得成功，才能获得别人的尊重和认可。

高情商家教思维

1. 如何让内向的孩子敢于表现自己？

_____

_____

_____

2. 培养孩子的毅力，针对自己孩子的情况家长具体可以做些什么？

_____

_____

_____

3. 如何培养孩子的自信心？

_____

_____

_____

4. 作为父母，如何改变孩子的虚荣心？

_____

_____

_____

5. 在培养孩子好心态方面，你觉得还有什么需要注意的事项？

_____

_____

_____

第八章

塑造品质，让你的孩子更优秀

德育是育人之本

"你们过分了，垃圾丢得满街都是!"一天中午，49岁的环卫女工因为这样一句话，竟然招来一个13岁女孩用鞋底抽打耳光。让人更为气愤的是，女孩的妈妈非但没有劝阻女儿的行为，反而称："打得好，该打!"

道德是做人的底线。 德之不存，何以为人? 家庭是道德教育的主要场所。 虽然学校老师也会对孩子进行道德教育，但道德是被感染而不是被教导的，课堂上的说教远远不及家庭教育中父母的榜样作用大。 而妈妈在家庭道德教育中所起的作用更是不可忽视。

妈妈要对孩子进行道德教育，首先自己就要行得正、坐得端。 不可否认，现在社会上的一些急功近利、拜金主义、享乐主义风气不仅影响了处在道德社会化关键时期的少年儿童，更影响了家长。 一些家长自身的道德修养就不够，更不要说教育孩子了。 上面例子中，一个女孩子有这样的行为本来就是不道德的，且不说打人本身就不对，仅仅不尊重人、不尊重长辈就足以受到道德谴责，而妈妈的鼓励更是助长了她的嚣张气焰。 女孩的行为应该让人不齿，其妈妈的行为更让人愤怒。 也许，她认为教育孩子横行霸道对于孩子将来闯荡社会有好处，但这样的教育会误了孩子一生。

一个人是否是人才，最重要的一个考核标准是道德品质。 所以，妈妈对孩子的教育，应该将德育放在第一位。 所谓教育无小事，道德教育也是同样的。 道德教育是一件讲究原则的事情，也是一件充满矛盾的事情。

在这个观念冲突的时代，妈妈可以做到"传道"，可以做到"授业"，然而要做到"解惑"却并不容易，因为在长远利益与近期利益、在整体利益与局部利益、在个人利益与他人利益、在理想与现实等一系列的矛盾中，在众多的说法和纷繁的观念冲突中，做出判断和选择不是件容易的事情。 而道德教育又不得不让人做出抉择，这就需要妈妈时时注意提高自身道德修养，以严格的标准来要求自己，在日常生活中感染孩子，并及时纠正孩子在道德方面的偏差。

让孩子学会言而有信

星期天，小羽的妈妈想带她去公园玩，可是小羽却拒绝了。

"你不是早就想让我带你去公园玩的吗?"妈妈感到很奇怪，"好不容易今天我有时间，你怎么又不去了?"

尽管妈妈的语气里已经带有恼怒了，小羽还是坚定地摇了摇头。

原来，小羽昨天答应让幼儿园同班的小朋友来家里一起玩游戏。虽然她的确想和妈妈去公园玩，小朋友也可能不会来，但是她不能对小朋友失信。

"我约了朋友，"小羽说，"我不能说话不算数。"

"我当是什么原因呢，算了吧，说不定你的小朋友早就和妈妈去公园玩了，谁还会记得你的约定啊，小孩子说的话有几句可以当真的。"

听了妈妈的话，刚才还很坚定的小羽有了一丝的动摇，毕竟，她早就想去公园玩了，今天可是一个难得的机会。

在妈妈的劝说下，小羽放弃了在家等小朋友的打算，和妈妈在公园开心地玩了一整天。

"小孩子说的话有几句可以当真的。"上面故事中妈妈的这句话，可以说给小羽带来了非常不好的影响。孩子是单纯的，也是易受其他因素影响的，特别是朝夕相处的父母。所以，孩子是否言而有信，与父母的教育有直接的关系。如果你希望孩子日后能够诚实守信，那么，你就要以身作则，教会孩子恪守信用。

孔子说过："人而无信，不知其可也。"意即信用是为人根本，不讲信用，难以在社会上立足。守信可以说是中华民族的传统美德。应让孩子懂得：人活在世上，必然要同周围的人们打交道，然而，同学与同学之间、人与人之间的关系与友情，是需要信用来维系的。古往今来，人们痛恨尔虞我诈、轻诺寡信的行为，崇尚言必信、行必果、一言既出驷马难追、说话算话的君子作风。只有恪守信用的人，才有可能交到知心的朋友。

所以，家长应该把培养孩子守信的习惯纳入素质教育范畴，从小给孩子以严格的守信教育。

父母教给孩子言而守信，实际上也就是在教孩子如何做人。

　　家长如果向孩子许了诺，到最后就一定要兑现。 对于一时不能兑现的，要向孩子解释清楚不能兑现的原因，取得孩子的理解与信任，并约定兑现的时间。 家长如果遵守诺言，那么自己的孩子才能学会守信。

　　应该提醒孩子对诺言的责任，许诺前要三思，并且及时提醒孩子兑现诺言。 同时也不可因为被许诺的人似乎也不在意，就对自己的诺言放任自流。 如果多次这样的话，孩子就会认为不守信也不会有什么不良后果，就会轻视诺言。

　　另外，家长还要注意避免逼孩子许下不可能兑现的诺言。 因为这种行为对孩子的心理健康发展是非常不利的。一方面他学会了使用大而空的诺言取悦别人，另一方面许下这种不能兑现或者很难兑现的诺言，将会使诺言的威严和重要性在孩子心中大打折扣。

培养孩子的正义感

一位家教专家说：

我的朋友和我说了这样一个发生在他和他儿子身上的事情，让人感慨颇多。有一天，他和他儿子在回家的路上，发现小偷的手正伸向一个女士，于是他儿子赶紧喊："小偷。"小偷和他儿子的目光相遇了，他儿子却一点都不怕，可那女士连头都没敢回，连话也没敢说，就自顾自地走了。后来他妻子听说这事后，非常害怕，告诫儿子说，以后这种闲事千万不要管，会有危险。朋友的儿子认为不管是不对的，就一直问爸爸："下次碰到这样的事还该不该管？"朋友也不知该如何回答他。

为什么现在见义勇为之举越来越少？有人讲，道德新体系要从教育下一代身上着手了。现在小学生守则也改了，不再鼓励属于弱势群体的他们去见义勇为，这是实事求是的做法，是好事。但结果呢，见义不勇为成了见义不为。越来越多的孩子也慢慢地学会了大人的袖手旁观，明明看见了这件事，要他出来作证，他却说"我忘了"，连真话都不讲了。

是教育的失败？ 经济发展是否就意味着道德沦丧？ 但这一点真的不能只怨孩子，大人是面镜子，你怎么教，他怎么长。

见义勇为是每一位公民的义务，见到危险情况，青少年应该"逃之夭夭"，还是要"飞蛾扑火"，还是……

前些年，舆论界大张旗鼓地宣传表彰救火小英雄赖宁，那是不妥当的。 一个未成年人被大火吞噬，这本应该是我们成年人要反思、检讨的事，因为我们没有尽到保护未成年人的社会责任。 我们成年人不仅不反思、检讨，反而还大张旗鼓地宣传鼓吹一个未成年人如何为保护森林而"舍身救火""见义勇为"，又是做报告，又是出版书籍，一时搞得沸沸扬扬的。 这样做，是把事情弄颠倒了。 山林失火，何等危险，岂是一少年儿童能救得了的！ 救火应当是消防部门的职责。即使身临险境扑向火场的也不应是少年儿童，而应当是有经验有能力的成年人。 未成年人救火，是不应当提倡和宣扬的。 遇到火灾、水灾这类危险、灾难，首先保护的是人，特别是未成年人。 因为物质财富是人创造的，人比财产更重要。

不久前，在许多电视台播放了一部反映中学生生活的电视连续剧。 剧中有这样一个情节：学校附近的一个仓库失火，一个班级的学生发现后，都涌向火场去救火。 他们的班主任发现后，冲到学生面前，极力阻止学生去救火。 那位女教师甚至抄起一个扫把，用力驱赶救火的学生。 观众以为那位教师在国家财产受到大火吞噬的时候，不许学生去救火会受到处分。 然而，出乎人们的意料，学校领导在全校大会上，公开表彰了那位女教师。 那位女教师的确值得表扬，因为她有保护未成年人的意识，并且在行动上非常坚决。 我们的老师、家长或监护人，社会上所有的成年人，都应当向那位女教师学习，充当未成年人的"保护神"，这是社会赋予我们成年人的责任。

未成年人遇到歹徒，也不要鼓励他们去与歹徒拼命搏斗，做无谓的牺牲，因为面对坏人，未成年人处于绝对的劣势。前些年，大众传媒曾经宣传一位9岁的小女孩勇斗歹徒的事迹，因其受伤，后被表彰为"勇斗歹徒好少年"。另有一位不满16岁的少年也被授予"见义勇为奖"。这些表彰没有错，这些孩子确实是优秀的好孩子，但我们也应该认识到，我们不能一味地提倡这种行为，他们是未成年人，不应该承担过重的、力不能及的社会责任，他们只有受保护权。如果未成年人遇到火灾、水灾、抢劫等危险情况，应当告诫孩子，首先要尽力保护自己；其次，应设法打电话报警，或通知成年人，首先做到保护好自己。

不要小看这打一个电话、报一个信儿，貌似简单的动作，其实它已经体现出了孩子的社会责任感，父母就是要让孩子从小感觉到，自己的一抬手一投足，就有可能把别人从麻烦之中解脱出来，而且有可能拯救别人的生命，这是功德无量的事情，一定要敢为、乐为。

我们应该向孩子们灌输见义勇为是做一个人必须具备的美德的观念，应该向孩子们宣传见义勇为的英雄并号召向英雄们学习，但是在进行教育的同时也应该教育孩子们珍爱生命，让他们懂得生命的重要，见义勇为不能以牺牲年幼的生命为代价；告诉他们少年时期的生理和心理状况，让他们懂得正处于发育期的少年是不宜勇敢斗争、冒险见义勇为的；告诉他们面对危险时的正确、科学、有效处置的基本知识，让他们面对罪犯、火灾等突发事情时，如何智慧地见义勇为。一句话，对孩子们见义勇为的教育最主要的是让孩子们明白见义勇为是做人必须具备的美德，见义勇为是光荣的，并形成见义勇为的意识，但同时必须教育孩子们见义勇为必须以珍爱生命为前提，机智地、智慧地见义勇为。

我们要从小培养孩子的正义感，勇于、乐于助人的精神。要见义勇为，但一定要注意方法，不要鼓励孩子去做无谓的牺牲，要学会动脑筋，保护自己。只有这样，孩子在长大以后，才能承担起见义勇为的社会责任，我们的社会才能更友善、更安全。

让孩子具有爱心

  某幼儿教师对她所教的中班孩子进行心理测试，其中有这样一个题目："一个小妹妹病了，冷得直哆嗦，你愿意借给她外衣吗？"当听到这个问题时，原本表现欲极强的孩子们顿时变得鸦雀无声，谁也不作回答。无奈老师只好点名。

  第一个孩子说："病了要传染的，她穿了我的衣服，那我也该生病了。我妈妈还得花钱。"第二个孩子则说："我妈妈不让。我妈妈会打我的。"结果，半数以上的孩子都找出种种理由，表示不愿意借衣服给生病的小妹妹。

  巧的是，这位老师的孩子也在该班，她实在不甘心这样的结果，于是就问自己4岁的儿子："一个小朋友没吃早点，饿得直哭，你正吃着早点，该怎么做呢？"见儿子不回答，她又引导："你给他吃吗？""不给！"儿子十分干脆地回答。妈妈又劝："可是，那个小朋友都饿哭了呀！"儿子竟然答："他活该！"

  现实生活中这样的例子比比皆是，孩子们的有些举动足以让人瞠目结舌。 究竟是什么使这些孩子这样冷酷无情？其根本原因在于我们忽视了孩子的爱心教育。 家长在给孩子无私的爱的时候，一定要考虑这样的问题：孩子们是否意识到自己在得到爱和帮助的同时也应该为别人做点什么？ 如果没有意识到这一点，还以为享受这一切是天经地义的，那么，孩子很有可能会变成一个自私自利、只会关心自己的人。

大多数自利之人都是从小养成的习惯，然而许多家长在孩子小的时候却很难注意到他们的自私行为。 其实，假如把孩子置身于一个集体中，这种自私表现就非常明显了。自私的孩子总怕自己吃亏，也绝不让自己吃亏：劳动时拣轻怕重；发新书时，把好书留给自己，把破书留给别人；出去坐车时，他总跑在最前头抢占最好的座位，从不让给老师也不让给体弱多病的同学坐。 关心他人的孩子却恰恰相反，他首先想到的不是自己，而是别人；他不怕吃亏，乐于助人。

另外，培养孩子的同情心也是体现爱心的一个方面。 能为他人设身处地地着想，真正发自内心感觉到他人的感受，而不只是冷漠地保持距离观察别人，这便是同情心。 同情心可说是道德的基石，此处所指的"道德"可简单定义为"努力地以友善及公平对待他人"。

除了同情心之外，若要孩子具备道德心，父母应在日常教育中约束孩子。 例如当孩子想抢别人的玩具或生气打人时，便会想起父母时常说的话来提醒自己，"打人或抢人家的东西是不对的"。 要培养孩子健全的道德观念，最重要的是建立孩子个人的价值标准。 这不仅仅是服从父母而已，他还必须发展出一套自己终身服从的道德准则，而且并不在乎他人是否赞同。

同情别人、爱别人、关心别人要从家教开始。从孩子刚刚懂事起，就得启发他去主动爱别人、关心别人，只有这样，才能培养孩子拥有一颗善良的心。

要想培养孩子的爱心，就要从生活中的点点滴滴做起：

1. 关心他人，父母是榜样

俗话说：言传身教。榜样的力量是无穷的，也是最有效的。如果父母极具同情心，那么孩子必会在耳濡目染中学会关心别人。父母要对周围有困难的人伸出援助的手，孩子便有机会从父母对他人的同情中懂得同情别人。

2. 营造互相关心的家庭氛围

充满温情的家庭氛围对培养孩子的爱心将起着潜移默化的作用。父母间经常争吵、谩骂，甚至打闹，孩子时常处在恐惧、忧郁、仇视的环境里，又怎能要求他去关心别人呢？所以，家庭成员之间要互相关心，特别是夫妻之间要恩爱、相互体贴。

3. 让孩子做一些力所能及的事

不要让孩子养成衣来伸手、饭来张口的坏习惯，只有勤快的孩子才会懂事，才会知道关心体贴别人。一般情况下，勤快是培养出来的，所以家长要树立这种观念，并付诸行动。要循序渐进地教会孩子做一些力所能及的事，大胆放手让孩子做一些力所能及的事。

4. 让孩子爱护身边的小动物

有条件的可以在家中喂养一些小鸡、小鸭、小猫、小狗等，让孩子养成爱惜生命的品德，有利于培养孩子的爱心。

5. 让孩子有机会了解别人的困难

作为父母要为孩子创造与人交流的机会，在交往的过程中，孩子能亲身体验到别人的感受和想法，这有利于爱心的培养。

培养孩子谦虚的品质

陈坤从 5 岁就开始学拉丁舞，到现在，他的舞技日益精进，得到的夸奖也越来越多，陈坤开始骄傲了。有一天，老师对他说："陈坤，你的滑步角度有点儿偏，你看看李宁，他就很标准。"陈坤听后很不服气，顶嘴说："我是按照要求来的啊，和李宁的一样。"

老师又给他示范了一遍，陈坤很不情愿地重做了一遍。晚上，妈妈来接他回家时，老师向妈妈反映了这个情况。妈妈看着骄傲地抬着头的儿子，也没说话就领他回家了。回到家，妈妈说："儿子，你的确很棒，你的这些奖杯也是妈妈的骄傲。"

妈妈上网查询了一下，找到了一场有拉丁舞表演的晚会。妈妈买了两张票，周末带着陈坤一起去了。陈坤看完晚会后问："我能有这一天吗？"妈妈说："只要用心于每一个细节，就一定能有这一天，追求艺术的道路是无止境的，你可别为小成绩而自满啊！"

陈坤的妈妈是非常聪明的，她发现孩子身上有骄傲自满的苗头后，并没有马上批评教育，而是利用带孩子观看高水平表演的机会，帮孩子认识到自己的不足。

"谦虚使人进步，骄傲使人落后"，这句话是老祖宗留给后人的。妈妈也要把它传给孩子，让孩子养成谦逊的品质，能够在成长中不自满、不自傲，不断地追求进步。

父母要从小教育孩子做个谦虚的人。谦虚的人是有自知之明的人，不是一受夸奖就连自己都不认识的人；谦虚的人是能接受别人批评的人，不是自以为是、胡搅蛮缠的人；谦虚的人是能严于律己、宽以待人的人，不是抓小辫子的人；谦虚的人是能虚心向别人学习的人，不是因为自己有长处、优点而自傲的人。那么，父母如何培养孩子谦虚的品质呢？

1. 父母要教育孩子正确地面对表扬、夸奖

父母对孩子的表扬、夸奖是对他的鼓励，是希望他进步。孩子应当把父母的夸奖化作争取更好成绩的力量。为此，父母要让孩子在掌声中意识到自己的不足，意识到自己离父母的期望还有很大距离，启发孩子认清自己的位置，确立新的目标。如果得到了老师的表扬和周围人的喝彩，孩子就翘起尾巴，忘掉自己的不足，他就会吃苦头。父母要知道，夸奖对孩子成长是必要的，但同时要让孩子努力、谨慎。

2. 父母要让孩子经得住批评、接受批评

有的孩子只希望得到赞扬，一听批评就不高兴，甚至骂人。比如说他懒惰，指出他作业中的错误，他就翻脸不认人。这是不谦虚的表现。谦虚的人敢于承认错误，勇于接受

批评。 父母要让孩子明白谁都会有缺点，谁都可能犯错误的道理，要引导孩子努力改正错误。

3. 父母要教育孩子不要抓别人的"小辫子"

抓别人的"小辫子"是为自己护短，是不虚心接受别人批评的表现。 有些孩子在受到别人的批评时，就喜欢反咬一口"你也怎样怎样"。 父母要教育孩子宽容别人的小毛病，不要去挑别人的小毛病，更不要抓住别人的小毛病不放。 一个人只有不计较别人的小毛病时才会改掉自己的缺点，才会乐意接受别人的批评。

4. 父母要帮助孩子克服"居功自傲"的习惯

孩子在学习上进步了，在书法、钢琴、舞蹈等方面有突出的表现，并不是他取得优越地位和享有特殊权利的条件。 不管孩子取得了多大的成绩，父母都要把他放在普通人的位置上鼓励他、奖励他，让孩子懂得自己永远是社会、家庭中与他人平等的成员。

在现实生活中，有些父母因为孩子有一点点进步就大张旗鼓地为他买高档衣服、玩具，带孩子游玩，不让孩子干家务等。 这实际上是把孩子放在特殊的位置上，只会助长孩子的虚荣心。 父母对孩子的进步给予奖励的目的，应当是激发孩子作为普通家庭成员的责任心，让孩子意识到自己的努力应给家里带来幸福而不是负担。 同时，要引导孩子认识到周围一切人都有值得学习的长处，如孔子所说："三人行，必有我师焉。"父母要让孩子明白他人都有优点和长处，自己应当向别人学习，而不应该骄傲。

培养孩子的孝心

情景一：

在某一个城市的街头，一个十多岁的男孩子和父母在等公共汽车。车进站以后，这个男孩子一个箭步窜上车，神情坦然地找了个位子坐下，上来较晚的父母只能站在儿子的座位旁。然而，这个小孩子对站着的父母却是一脸漠然，仿佛他们是两个与自己毫不相干的陌生人。车上的一位乘客看不过去，就说："孩子，应该让你的父母坐"。还没等男孩子做出反应，他的父母急忙说："让他坐，我们不累。"

情景二：

在某一个家庭里，小孩子特别喜欢吃苹果，于是，父母要求孩子每次想吃的时候，都要同时拿3个，最大的给爸爸，第二大的给妈妈，小的留给自己吃。当一箱苹果只剩下最后3个时，孩子舍不得再分了。父母却告诉他：越是东西少的时候越是考验人，这个时候还能想到父母的，才是真正的好孩子。最后，孩子一边哭着一边分苹果。发完后，还眼泪汪汪地望着父母，希望父母不要把苹果吃下去。可是，他的爸爸妈妈却不理会，把苹果皮削完后，就在孩子的注视下，一口一口地把苹果吃掉了。

在当今的中国，很多家庭都只有一个孩子。独生子女往往成为全家人关注的焦点，再加上父母长辈对孩子的溺爱，很容易形成孩子只知获取、不知给予、事事以自我为中心的缺点。中国的一些父母只顾着把所有的爱都给孩子，但是，却忘了很重要的一点：让孩子拥有孝心。

培养孩子的孝心，应该从生活中的点滴开始，如要求孩子听从长辈的教诲，不随便顶撞，有不同想法时应讲道理；自己的事情自己做，生活上严格要求自己，体谅长辈的艰辛，尽可能少让长辈为自己操心；懂得为父母分忧解难，在父母生病时，在父母有困难时，尽力去关心照顾父母、协助父母；在离家外出时，自己照顾好自己，注意安全，及时向父母汇报情况等。

培养孩子的孝心，并不仅仅是为了解决自己年纪老了有人照顾、赡养的问题。今天，赡养内容随着社会经济的发展与进步已退至次要的地位。从根本上说，孝心也是一种做人的良知与道德。试想，一个对父母的大恩大德都不放在心上的人，他能与别人建立起诚信关系吗？他能遵守社会道德规范吗？一个缺乏起码的道德良知和不讲诚信的人，他能有什么作为呢？因此，培养孩子的孝心，必须从小抓起。

1. 要让孩子明理

要让孩子从小知道"孝心"是一种传统美德，没有孝心的孩子不是好孩子。 还要让孩子知道怎样做才算有孝心。 让孩子知道妈妈十月怀胎的艰辛，知道父母的养育之恩。 有孝心的孩子，懂礼貌，责己严，为父母分忧解难。 为了明理，多给孩子讲些古今有关的故事，通过具体事例让孩子懂得要有孝心。

2. 给孩子分担的机会

这一点非常重要。 真正的孝心要通过实践去培养。 平时要让孩子分担家里的一些事情，让他负起责任来。 遇到为难的事情，讲给孩子听，让他一起出主意想办法。 长辈身体不舒服或生了病，告诉孩子应该做哪些事情，并付诸行动，久而久之，孝心会在孩子身上扎根。

3. 父母要以身作则

父母对孩子的祖辈的孝心如何，直接影响孩子，真孝心、假孝心，是骗不了孩子的。 因此，为人父母，要自己有孝心，在自己身上求真，孝心的种子才会播撒到孩子心里去。

不能在公共场合乱扔杂物，清洁工人多辛苦啊，要珍惜他们的劳动成果。

妈妈，我知道错了。

课堂上的说教远远不及家庭教育中父母的榜样作用大，而妈妈在家庭道德教育中所起的作用更是不容忽视。

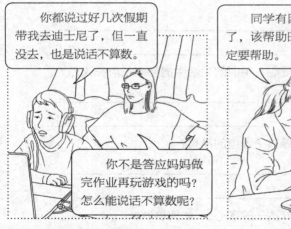

你都说过好几次假期带我去迪士尼了，但一直没去，也是说话不算数。

你不是答应妈妈做完作业再玩游戏的吗？怎么能说话不算数呢？

同学有困难了，该帮助时一定要帮助。

我送受伤的大志回家，所以回来晚了。

家长如果向孩子许了诺，到最后就一定要兑现。对于不能兑现的，要向孩子解释清楚不能兑现的原因，取得理解与信任，并约定兑现的时间。

同情别人、关爱别人、关心别人要从家教开始。从孩子懂事起，就要启发他主动去关爱别人、关心别人，只有这样孩子才能拥有一颗善良的心。

高情商家教思维

1. 为什么说德育是育人之本？

_____

_____

_____

2. 父母在教育孩子言而守信时要注意什么？

_____

_____

_____

3. 在培养孩子正义感方面，我们应当告诉孩子要注意什么？

_____

_____

4. 培养孩子的爱心，平时的生活中需要家长怎样来做？

_____

_____

5. 父母如何培养孩子谦虚的品质？

_____

_____

6. 为什么要培养孩子的孝心？ 如何培养？

_____

_____

_____

第九章

抗挫折能力：丰富孩子的人生经历

重视挫折教育

初中生军军的家境太优越，以至养成了军军娇惯懒惰的不良性格。正巧有一个单位要搞挫折教育夏令营，声称参加这个夏令营，可以让孩子在挫折中受到前所未有的锻炼，自此变得坚强独立；还说通过夏令营，将对孩子的一生产生重大影响，让其终身受益。于是军军的妈妈花了800元钱给孩子报了名，让他参加挫折教育夏令营。在送他去夏令营时，全家人像欢送亲人远征一样将孩子送上了征程。

没想到的是，12天的夏令营活动，军军就打来几十个电话，声称不堪忍受其苦，家人更是如坐针毡。总算熬到夏令营结束，全家人又像迎接凯旋的战士一样将军军迎回了家。

可这一次回家以后，军军非但没有"不再娇惯、懒惰"，反而变本加厉。他总是以参加过挫折教育夏令营为借口，要挟家长，提这样那样的要求；甚至乱发脾气。

与案例中军军父母的态度相比，一位在教育一线工作了多年的教师对让孩子在挫折夏令营里接受挫折教育的事情有不同看法。这位教师从来不相信短期训练能让孩子脱胎换骨的说法。他认为，培养孩子的抗挫折能力，绝非一日之功，而家庭教育最为重要，身边小事最为有效。他在教育孩子时有自己的一套办法。在孩子刚学走路的时候，他就有意识地培养孩子的吃苦精神和抗挫能力。比如，孩子在家长面前摔倒了，哭着要家长拉一把，他不去拉，而是鼓励儿子说："你能行！"还在孩子三四岁的时候，一家人去植物园，看到别的小朋友都由家长抱着，小家伙也要让父母抱，但他却对孩子说："你要坚持自己走，你是一个棒小子！"孩子没再让家长抱，而是很带劲地自己走起来。

暑假刚过，当记者采访一些家长关于孩子假期参加吃苦夏令营、挫折教育夏令营的情况时，他们大都怨声连天、困惑不解。孩子虽然吃了一点苦，但吃苦之后的负面影响却在很长时间内挥之不去，这是为什么呢？

因为挫折教育并非一朝一夕的事。

在与一些儿童教育专家座谈时，他们几乎都谈到一个共同的话题，即挫折教育应当重在培养孩子心理上的抗挫折能力。比如，一些孩子在生活或者学习上受了一点点挫折，便离家出走甚至自杀，这不能不引起人们的关注。

现在的孩子大多生活条件非常优越，真正是在蜜水中泡大的，他们很少体验到挫折，缺乏面对挫折的心理准备，也缺乏解决挫折的勇气和能力。父母应该明白，培养孩子的心理抗挫能力很重要，平时可以有意识地设置一些困难的场景，磨炼孩子的意志，让孩子做好面对困难和挫折的心理准备，养成一定的面对挫折的能力。

挫折教育就在身边。

西方现在有这样一种说法："有十分幸福童年的人常有不幸的成年。"很少遭受挫折的孩子长大后，会因不适应激烈竞争和复杂多变的社会而深感痛苦。现实生活中，并不是每一个人都事事顺心，相反，每个人都会碰到各种各样的挫折，成功者与失败者的区别就在于对待挫折的心态与承受能力。

著名作家威茨格指出："世界上最光辉、最宏伟的事业就是使个人站立起来！"倘若我们的家长总不让你的孩子"长大"，总怕他们摔倒而不让他们独立地"站起来"，那又何谈社会与国家的繁荣强盛，自立于世界民族之林呢？

家长要重视挫折教育，需要做到以下几点：

1.帮助孩子认识挫折

要让孩子知道，生活中荣誉和挫折常常是并生的。生活中常有不如意的事情，如果连一点小小的挫折都受不了，如何面对以后漫漫人生中遇到的更大的挫折和坎坷？

2.鼓励孩子跌倒后自己爬起来

父母要帮助孩子客观地分析失败的原因所在，帮助孩子找到解决问题、克服困难的办法。父母要教育孩子，只有靠实力去竞争才能争取到自己想要的东西，胜利与成功不是别人的恩赐，不是对别人的乞求。

3.父母要承认孩子的失败，切忌无理施加压力

遇到孩子失败的事情，父母不要包办代替，不要由父母出面去解决，更不能找老师无理取闹，否则，只会使问题变得更复杂，更难以解决，使孩子陷于更大的尴尬之中。

教会孩子在挫折面前调整情绪

　　木子是一个学习成绩优秀的孩子，处处得到老师的赏识，她也很努力，希望自己做什么都是最好的。木子课余时间学习了钢琴，平时弹得很好，大家都说考级一定没问题。在初二下半年，木子参加了钢琴八级的考试。那一天，木子很紧张，人还没进考场，手就开始发凉，到了考官面前，手不听使唤了，结果没有弹好。但是木子没有完全丧失希望，她觉得自己也许能通过，但事实是残酷的，木子真的失败了。很少哭的木子趴在地上大哭起来，一边埋怨自己，一边说自己讨厌弹琴。在一边的父母一直想帮帮孩子，但是越帮木子哭得越厉害。

　　在这篇案例中，木子有着很强的自信心，这很难得。但是只有自信心，相信自己可以做好还不够，还必须要有承担失败的勇气。木子在平时可以弹得很好，说明失败的原因是心理压力大，临场紧张所导致。加之临考前他人对木子的预测，使木子觉得如果没有通过定会受到嘲笑，这就加强了木子的不合理信念：我必须通过。心理学上讲，过高和过低的动机均不能使人把真实水平表现出来。 所以考级结果不尽如人意。 也许是因为木子一直保持优秀，所以这场失败给木子的打击是前所未有的，而如果这件事情发生在学业成绩平平，或者经常受老师批评的孩子身上，他们的表现就会正常得多。 由此我们看到，好学生也有他们的烦恼和脆弱。

木子在地上像婴儿一样大哭，是情绪发泄的一种形式——退化，也就是表现出一种较其年龄显得幼稚的行为。 这点父母不必担忧，不要去管她，让她自己把不快乐发泄出来，心情会好些。 而如果父母对此表现得十分关注，木子则会变本加厉地攫取父母的"仁慈"，表现得更加夸张，这反而会助长木子的幼稚行为。 另外，父母如果表现得和木子一样的伤心，这更会使木子觉得失败是严重的，使木子自信心受到更大的挫败，所以父母首先应表现得不以为然，那么木子也会渐渐觉得这其实没什么，完全可以从头再来。

父母让孩子发泄吧，但是不要企图抚慰她、怜悯她。

当木子情绪好一些的时候，父母应该把木子拉到身边，再和木子谈谈这件事，让木子知道家长并不是不在乎她。 父母需要和木子一起回想当时的情形，帮助木子分析没有弹好的原因。 还要告诉木子，我们不可能永远成功，也没有理由要求自己必须赢，因为别人也有赢的权利，失败一点都不可耻，你还是一个成绩优秀的好学生，这没有变。

培养孩子的耐挫能力

小学四年级的顾凯虽然生性活泼热情，对什么事情都想试试，可他从小就有个毛病，一遇到困难就灰心丧气，失去继续探索的信心。

四岁时，他做了一架飞机模型，可老是飞不上天，他气得把飞机模型扔在地上，用脚踩坏，从此再也不做飞机模型了。

一年级时，爸爸开始教他学游泳，可他到现在还没学会，原来，有一次他呛了几口水，难过了好几天，从此他再也不学游泳了。

在学习上也是这样，一遇到难题就退缩了，不会做的题目从来不动脑筋思考，而是等着第二天去抄别人的。

在生活中，困难和挫折是不可避免的。像案例中顾凯一样，一些孩子灰心丧气、沮丧气馁是由于他们做不成喜欢做的事，在挫折面前产生了畏惧心理，丧失了克服困难的信心。心理学家认为，丧失信心的理由有千万条，但根本的原因只有一条，那就是学不会、做不好或觉得自己做不好。一旦做不好，信心就会丧失，倦怠、懒惰的情绪也随之产生，造成学不会——没信心——没兴趣——更学不会的恶性循环。

生活中类似于顾凯这样的孩子有很多。有关部门对中小学生和大学生的一次抽样调查发现，中小学生和大学生中分别有 40% ～50% 和 20% ～30% 的孩子有不同程度的心理障碍。

共青团中央曾经对全国 10 个省市 2 万多名学生进行的一项调查显示，有 17.5% 的孩子认为自己"经不起挫折"。

另据中国青少年研究中心、中国青少年发展基金会"中国独生子女人格发展课题组"的研究发现，10% 以上的独生子女在自我接纳方面存在一定的障碍，对自己最不满意的方面依次为：学习（38.7%）、健康（15.9%）、性格（15.8%）及自己的相貌形体（15.3%）。11.5% 的独生子女不愿意别人比自己强，尤其不愿意熟悉的同学、朋友比自己强。9.2% 的独生子女认为别人很不重视自己。

古人云："人生不如意事十之八九。"就现在的孩子来说，他们可能遇到的挫折包括学习、兴趣爱好的选择、自尊和人际关系等方面。如：在学习上，成绩不理想，没能上理想的学校；在兴趣和爱好的选择上，自己的兴趣和爱好与父母的意见冲突，自己的才华和个性得不到施展；在自尊上，自己常常得不到教师和同学的信任，经常受到轻视和忍受委屈，没有被评上"三好生"，没有被选上班干部；在人际关系方面，结交不到与自己讲知心话的朋友等。孩子遇到挫折并非坏事，但陷于挫折而不能自拔，势必对孩子的身心健康造成消极影响，让孩子丧失自信心、焦虑、自卑等。

那么，家长应如何培养孩子的耐挫能力呢？

1. 教育孩子正确认识和对待挫折

从心理学角度分析，青少年在成长过程中适当经受一些挫折是有益的。 挫折能激励当事者增强韧性和解决问题的能力，产生创造性的蜕变。 一旦孩子在生活和学习中遇到这样或那样的挫折，父母应接纳孩子的倾诉和宣泄，让他们说出心中的委屈和痛苦，通过释放达到心理平衡。

2. 知己知彼，正确抉择

父母应当帮助孩子知己知彼，正确地规划自己的人生道路。 所谓知己，即帮助孩子正确认识自己，如意识到自己希望自己将来成为什么样的人，未来的人生道路可能会在哪些方面受挫等。 所谓知彼，即帮助孩子认识社会，如现实生活中尚存在哪些不尽如人意或不完善的方面等，让孩子懂得做事要向最高目标努力，但须做好承受最坏结果的思想准备。

3. 对孩子期待要合理

家长不能重知轻德，不要强迫孩子完成他力所不能及的事情，对孩子的期望要合理，这才是引导孩子走上身心健康的正确之路。

4. 培养孩子优良的意志品质

优良的意志品质是实现目的、事业成功的根本保证，因此，培养孩子良好的意志品质就显得非常重要，这需要从生活的一点一滴做起。 如：孩子摔倒了不要立即心痛地去扶他，而要让他自己爬起来。

让孩子勇敢面对而不是逃避

情景一：

小东是一个聪明的 5 岁小男孩。在一个星期天的上午，他的妈妈在剪纸，不大一会儿就剪成了一朵美丽的蝴蝶花，在旁边玩耍的小东看到了，非闹着妈妈教他剪纸不可，妈妈没办法就教他如何去剪。小东非常聪明，过了一会儿，蝴蝶花的轮廓就展现在眼前，一张美丽的剪纸眼看就要剪成功了。可是就在这个时候，小东不小心把纸剪断了，他立刻叫喊道："我再也不要剪纸了，我要把它全撕掉！"看到儿子哭得这么伤心，母亲就哄儿子

说："来，不哭了，妈妈再教你剪一个啊，这个没剪好，不怪东东，都怪这个剪子不好使，我们再去找把好的剪子，这次一定可以剪出一朵漂亮的蝴蝶花。"

情景二：

苏珊珊是一所幼儿园的教师，她有一个正在读小学的可爱女儿，她非常疼爱女儿，但从不溺爱。有一次，女儿要跟同学一起去郊游，临行前，苏珊珊虽然发现女儿忘了把食物和手电筒装入背包，但她没有提醒女儿。结果旅行回来，女儿饿得脸色发黄。这时，苏珊珊才问女儿是怎么回事，并帮女儿分析了原因。最后，女儿表示：以后出门前一定要先列一个物品清单，那样就不会忘记带东西了。

第一个故事中，孩子本来是想获得大人的认可，可是后面的糟糕局面与他的憧憬形成了巨大的反差，也因此很容易引起他情绪上的剧烈波动，他认为眼前的局面已经无法挽回了。面对这种情况，父母应该教导孩子鼓起勇气去面对这种挫折，而不是逃避责任。因为在以后的人生旅程中，他面对

的挫折和困难要比这大得多。 在孩子小的时候不让孩子受点挫折，那么当孩子长大的时候，你能保证他一辈子一帆风顺吗？

一些爱子心切的家长生怕孩子受到一丁点儿的委屈，有意或无意地替孩子去承担某些本应由孩子自己面对的困难和挫折，而这样做的结果，不仅使孩子失去了在挫折中成长的机会，更失去了人生中最珍贵的体验，而且对孩子的个性发展、心理成长都有着不利的影响。

德国的家长普遍认为，孩子总有一天是要去更广阔的天地闯荡的，我们无法永远保护孩子，但是我们可以教给他们认识生活和社会的能力，教他怎样保护自己。 因此，德国的大多数父母总是有意识地培养孩子战胜挫折和困难的能力。

从孩子蹒跚学步开始，德国的家长就已经开始培养孩子坚强的性格。 在孩子跌倒后，家长不是赶紧去扶，而是不断地鼓励孩子自己爬起来。 此外，德国家长还鼓励孩子去参加政府在暑假期间组织的磨难营活动。 他们有时甚至在顺境的情况下，故意给孩子设置一些障碍。

事实上，适当为孩子创造一些逆境，对孩子以后的成长和发展是有益的。 一个没有经受过挫折、磨炼的孩子在困难面前往往容易退缩。 在国内，有一些家长想方设法为孩子铺路，其实这种做法是十分不可取的，父母的作用是指引，路还是要靠孩子自己去走。

儿童教育专家认为，给孩子多提供尝试的机会，也是挫折教育的重要部分。 但中国的部分父母却在孩子很小的时候就剥夺了他这种权利，父母不给孩子尝试的机会，也就等于剥夺了孩子犯错误和改正错误的机会。

再坚持一下，马上就到山顶了。你不是一直想当男子汉吗？

妈妈，我真爬不动了，咱们下山吧。

培养孩子的心理抗挫能力很重要，妈妈平时可以有意识地设置一些困难的场景，磨炼孩子的意志，让孩子做好面对困难和挫折的心理准备，养成一定的面对挫折的能力。

当孩子情绪好一些的时候，父母应该来到孩子身边，和孩子好好谈谈这件事，让孩子知道父母非常在乎他的感受。

如果心里真的很难受，就哭出来吧。等你情绪稳定了，妈妈再和你聊聊。

这次钢琴八级考试我太紧张了，没考过。

她这么大了，要让她承受一下犯错误的后果，下次她就记住了。

父母应该学会让孩子自己承受因为失误所造成的后果，这样才能促使他们在今后少犯或不犯错误。

孩子忘带东西了，我去提醒她一下。

高情商家教思维

1. 为什么说挫折教育对孩子来说很重要？

_____

_____

2. 培养孩子的挫折教育，家长应当如何来做？

_____

_____

_____

3. 孩子遇到挫折，父母如何帮助孩子调整情绪？

_____

_____

4. 家长如何让孩子勇敢地面对挫折？

_____

_____

5. 本书对你在教育孩子方面最大的帮助是什么？

_____

_____

_____